T0294508

María Novo

El éxito vital

Apuntes sobre el arte del buen vivir

editorial Kairós

© 2016 by María Novo
© de la edición en castellano
2017 by Editorial Kairós, S.A.
Numancia 117-121, 08029 Barcelona, España
www.editorialkairos.com

Fotocomposición: Beluga & Mleka, Córcega, 267. 08008 Barcelona
Impresión y encuadernación: Romanyà-Valls. Verdaguer, 1. 08786 Capellades

Primera edición: Marzo 2017
ISBN: 978-84-9988-549-0
Depósito legal: B 1.807-2017

A mis hijos, Irene y Guillermo,
que tantean, día a día, los caminos del buen vivir

A mis maestros, Federico Mayor Zaragoza,
Luz Pozo Garza y Leonardo Boff
cuyas vidas son espejo y reflejo de sus sueños

Sumario

Introducción:
el éxito vital no es una meta
sino una forma de caminar

Abordar la escritura de este libro sobre el éxito ha supuesto para mí un cierto desafío. El concepto de éxito, en nuestras sociedades, está muy focalizado en los aspectos profesionales y económicos, ligado a la fama, y rara vez se vincula con la experiencia de serenidad y disfrute de una vida con sentido. Sin embargo, una observación atenta nos dice que la forma de «triunfo» basada en el reconocimiento externo y social muchas veces resulta engañosa. En la necesidad de concentrar toda la energía en una dirección, deja de lado vivencias y tiempos que son el abrigo cordial de nuestra vida diaria: esos momentos de afectos, encuentros y conexión con nuestras ilusiones personales que tanto valor tienen cuando miramos hacia dentro o hacia atrás.

Esto no significa que personas famosas o con reconocimiento social no puedan, al mismo tiempo, desarrollar un éxito vital. Es más, algunas de ellas tienen la capacidad de emanar una mirada positiva sobre el mundo, irradiar energía, sentido del humor… Bienvenidas sean. El paisaje de las historias personales es multicolor, pero el buen vivir de cada uno de nosotros se nutre no solo de los aspectos externos –aunque también–, sino, sobre todo, de *la riqueza de afectos y viven-*

cias que cada persona cosecha a lo largo de su existencia.
Así que hablar de todo ello exigía, en mi caso, cierta cautela
que me llevó al ejercicio previo de escuchar y preguntar, para
no enfocarlo nunca desde una sola mirada –la mía–, sino para
intentar abrir el concepto de éxito a las diferentes concepciones y trayectorias del mosaico humano que conforma nuestras
sociedades.

Una larga serie de entrevistas, en los meses anteriores a esta
escritura, me llevó así a enriquecer y matizar mi visión con la
de hombres y mujeres, jóvenes y mayores, que generosamente
me desnudaron un poco su alma en un ejercicio de confianza
y complicidad. Por eso este libro tiene algo de obra coral, es
como si el tono transparente de las historias que he podido
conocer se conjuntase de pronto en un reflejo de agua. Porque
esta pequeña obra no son las historias, pero ellas, como el agua
del río o el estanque, han hecho posible que el reflejo de la luz
produzca la transparencia de la palabra.

Eso me ha permitido poner el foco de atención no solo en
mis ideas o experiencias, sino también en las de personas de
diferentes edades y estatus social, algunas claramente exitosas
según los cánones de nuestra cultura, y otras totalmente anónimas, pero que reúnen en su vida el difícil maridaje de todo
proyecto vital con la felicidad. En ambos casos, personas que
han sabido superar dificultades para cumplir su vocación, encontrar su destino y encaminarse hacia él sin miedos.

Los entrevistados han ido confirmando poco a poco mi intuición primera: *nuestra realización como seres humanos únicos,*

irrepetibles, incluye los logros profesionales, artísticos, sociales, familiares, pero lo importante es saber que no se queda en ellos sin más. Es preciso pasarlos por el tamiz de la cordura, por la vara de medir de la sencillez, por la claridad estimulante del sentido del humor mezclado con el sentido del amor. *Un éxito vital puede convivir con toda clase de triunfos externos, pero también con lo que socialmente se consideran fracasos.* Es el aprendizaje de transitar por la existencia con o sin aplausos, da lo mismo, pero con la alegría interior de saber que estamos cumpliendo aquello que da sentido profundo a nuestras vidas.

Lo primero que he aprendido en este proceso es *la sencillez del éxito vital.* Sencillez que no anula, sino potencia, las posibilidades de una vida en plenitud. Somos seres capaces de imaginar y de crear. Los caminos del éxito están a nuestro alcance. Para recorrerlos no es preciso ser héroes ni hacer un gran esfuerzo; solo poner atención en lo que la vida nos trae, aplicar la intención a nuestros proyectos y vivir con un cierto desapego los resultados. Y, por supuesto, llevarnos bien con esos pequeños duendes que se deslizan a diario por las paredes del alma para darle color a las ideas, a la vida cotidiana y a los proyectos y esperanzas que emergen al paso de los días.

Decía un eslogan del movimiento 15-M que *el que no tenga sueños se disponga a tener dueños.* Y así es, en gran parte, porque la desnudez de la vida y su misterio requieren que saltemos a diario sobre las dudas y los escepticismos y que nos abracemos a horizontes en los que sea posible *cultivar la parte poética de la existencia,* esos momentos en los que sentimos, aunque sea por un instante, que somos o podemos ser como nos soñamos.

Cada persona tiene sus claves, un modo peculiar de oscilar y de corregir el rumbo cuando procede. *Cada ser humano capea los vientos a su manera... Pero todos podemos aprender a usarlos como hacen los navegantes a vela: a nuestro favor.* Ese es el aprendizaje del éxito vital. No tanto el de correr detrás de nada, sino el de conocer nuestras fortalezas, estar atentos al entorno, y avanzar cuando hay viento favorable, resguardándonos en los días de lluvia.

En este proceso, cualquier progreso hacia fuera se nutre necesariamente de nuestra armonía interior, de esos milímetros de intimidad que pueden ser cultivados o ahogados cada día. Depende no solo de las ideas y valores que podamos aprender, sino, sobre todo, *de la capacidad de amar que podamos desarrollar.* De ese modo, lo externo y lo más íntimo dialogan necesariamente para orientar a ese frágil e inconstante ser humano que lleva nuestro nombre... Y es este diálogo el que va otorgando identidad a lo que soñamos y lo que hacemos.

La mayor parte de nuestros proyectos vitales son inmateriales (amar y ser amados; estar en paz con nosotros mismos; que los seres queridos no se marchen de esta vida antes de tiempo...). Esa inmaterialidad hace que, con frecuencia, no los enmarquemos en las paredes de nuestras habitaciones interiores, releguemos su importancia y vayamos archivándolos en esos espacios a los que llamamos «vida no cumplida» (cuando lo mejor sería denominarlos «vida por cumplir»).

Sea como fuere, casi siempre esos anhelos responden a una de estas dos cuestiones: *ser felices* y *hacer felices a los que nos rodean*. La forma en que sepamos encontrar un equilibrio entre ambas será la clave de nuestro buen vivir, de una manera de encarar el mundo que aúne el proyecto propio y la responsabilidad colectiva. Porque *no se trata, tan solo, de cumplir con nuestro propósito en la vida, sino también de ayudar a otros para que cumplan los suyos*. Esa es nuestra señal de humanidad, de pertenencia a un grupo que ha crecido gracias a la cooperación.

Difícil, desde luego, el tema de la felicidad, tan escurridiza y llena de vaivenes, tan diferente para cada ser humano…, en medio de unas historias personales siempre oscilantes entre momentos de tinieblas y espacios de celebración festiva… Nos preguntamos si es posible ser felices en ambos casos, con lealtad a nuestro proyecto de vida. Y la respuesta es algo que ha de construir cada uno…, si bien vamos descubriendo que *esa felicidad íntima, cosechada entre la lucidez y la ilusión esperanzada, es la que nos aproxima al éxito vital. Y no, como nos dicen tantas veces, que es el éxito social o económico el que trae la felicidad*.

Cada uno de nosotros es un artista en potencia, pero no a todos nos han enseñado que el arte con minúsculas se cultiva antes que nada en el terreno propio del ánimo y el desánimo, de los deslumbramientos y los días grises, de las utopías y las puertas cerradas… Sin embargo, es ahí, con esos materiales irregulares y toscos muchas veces, donde hemos de ir construyendo el arte del buen vivir. Abriéndonos sin prejuicios a las ocasiones estimulantes; amparándonos con sencillez en las pequeñas certezas, que son como mojones en el laberinto de incertidumbres que es nuestra existencia: la certeza de que alguien nos ama, la evidencia de que hemos amanecido de nuevo esta mañana y podremos vivir este día como una ocasión para mirar alrededor de forma positiva y creativa. Porque *la alegría o la esperanza, esos componentes esenciales del éxito vital, no llegan desde fuera, sino, más bien, se construyen a diario desde la lente con la que enfocamos el mundo.*

Somos seres que imaginan y vislumbran lo inédito. Podemos mejorar el mundo y mejorarnos. Para ello debemos estar dispuestos a afrontar el misterio, esa parte de la vida a la que solo se accede desde la intuición, la curiosidad, la ruptura del pensamiento convencional… La creatividad alumbra todas las primaveras de cada existencia cuando se le cede el paso. Y los otoños. Y los inviernos… Es como una antorcha que se enciende cada vez que le damos una tregua a lo establecido, a las rutinas que amenazan con aplastarnos, a los pensamientos negativos que nos dicen que algo es imposible. *Somos los artífices de nuestro éxito, pero no porque hayamos decidido correr tras él, sino porque hemos aceptado abrirle paso cuando llega revestido de oportunidad o en forma de desafío.* Para ello se necesitan lucidez y coraje, pero también imaginación, mucha imaginación…

El hombre o la mujer creativos perciben con humildad y atención *no solo lo visible, sino también lo invisible, lo que está pero no se manifiesta.* Han aprendido a mirar y a escuchar. Saben disculpar los errores y apreciar los aciertos, incluso los propios, pero ven ambos desde una cierta distancia, con la perspectiva con la que lo haría un dios misericordioso. Confían, por tanto, en aprender a encontrar la belleza dentro del dolor, la presencia en medio de las ausencias, la palabra iluminando los largos silencios…

La creatividad no es un don exclusivo de los artistas ni requiere cualidades especiales. Está en todo ser humano que se atreva a hacerse la pregunta ¿por qué no? y no se conforme con la primera respuesta. Es una llama que nos aproxima al fuego interior que transporta cada persona. Es, con sus glorias y desencantos, la fuente inspiradora de cualquier revolución personal o colectiva. Porque su fuerza motora –la imaginación– nos permite vislumbrar lo desconocido a partir de lo conocido, en un ejercicio intuitivo que es uno de los rasgos distintivos de nuestra especie.

Cuando la imaginación se alía con la ética, nuestro sentimiento de pertenencia a un grupo se ensancha con proyectos colectivos, con *el desarrollo de una mirada solidaria que nos lleva a preguntarnos por el otro*, por el que sufre o pasa hambre, por el viajero desconocido de este largo trayecto al que llamamos vida. Y así descubrimos la desolación y la desesperanza en ojos ajenos, la pérdida de derechos, el resonar del hambre o del dolor en otros rostros. Ante lo cual no vale darse la vuelta, sino comenzar cuanto antes con la estrategia del colibrí, que está al alcance de todas las manos.

Cuenta el mito que un colibrí volaba por el bosque cuando, a lo lejos, observó un incendio. Entonces se bajó rápido hacia el río y comenzó a llevar agua en su pico y a echarla sobre el fuego. Alguien que lo vio se puso a reír y le dijo: ¿te das cuenta de la pequeñez de tus acciones? A lo que él respondió: sé que lo que hago es poco, pero si no lo hiciese, este poco quedaría sin hacer…

Así nosotros, buscadores de éxitos grandes y rotundos, tal vez tengamos que empezar a comprender *esta humilde dimensión del éxito que consiste en no dejar de hacer aquello que nos sea posible*, por muy pequeño que resulte, para aliviar el dolor de un mundo que sufre. También para celebrar las excelencias y regalos de la vida allí donde se encuentren. En este sentido, una de las claves de nuestro buen vivir será preguntarnos, ante una situación que nos reclama, qué cosas sabemos o podemos hacer bien, conocer nuestras fortalezas y ponerlas al servicio del bien común.

Una actitud así requiere *aprender a cambiar*. Generalmente, cuando se nos plantea un conflicto con nuestro entorno, esperamos que sean los otros los que cambien. Sin embargo, pocas veces nos preguntamos en qué podemos cambiar nosotros. Habituados a defender lo propio, perdemos la oportunidad de explorar la ruta de la diversidad, el valor de lo diferente, la experiencia de amar sin comprender, de ser solidarios pese a las discrepancias, de ejercer la confianza mutua sin caer en algunos prejuicios…

Un mundo mejor puede hacerse real cuando dejamos a la sociedad unos hijos que son buenas personas, sanos, útiles, felices y libres… Cuando contribuimos a remediar un problema social… También, como se dice en un hermoso poema de Borges, cuando cultivamos nuestro jardín, ese terreno interior en el que florecen o se agostan las semillas del sueño y la vigilia, de la dicha y la penuria, de la razón y la intuición…

Nuestro éxito vital es tan sencillo como queramos entenderlo. Se asienta en la ética del trabajo honrado y bien hecho, en la experiencia de darle un sí a la vida cuando esta es una celebración y también cuando algo se derrumba a nuestro paso. Consiste en saber que el destino no es algo inamovible, es tan solo una convocatoria que abre las puertas a la duda y al coraje, al orden y a lo caótico, al monólogo o a un fértil diálogo… Está en nuestras manos elegir, estrenar la sonrisa pese al mal tiempo, resguardarnos en el silencio para tomar fuerzas…, para *dejar, al fin, que la vida nos despeine, saludando al cambio como una fuerza vivificante.*

Y aprender a confiar. No tanto por las certezas que tengamos, sino por la terca voluntad de seguir hacia delante, de caminar en la luz y también a través de la oscuridad, alimentados por el asombro, esa voz íntima y profunda con la que entonamos nuestro canto a la vida. Porque la buena noticia es que *no estamos predeterminados*, que en cada uno de nuestros actos caben la prudencia y el riesgo, y que la esperanza es tan legítima como cualquier exilio de desesperanza.

Algunos nos dirán, engañosamente, que el éxito consiste en «ser importantes». Pero nosotros habremos aprendido que *un éxito vital requiere algo tan sencillo como ser importantes para los que nos importan*: la familia, los amigos, los colegas de proyectos e ilusiones…, aquellos que superan con nosotros los aprendizajes y se abren camino a nuestro lado… Necesitamos saber que ellos nos aman y nos aceptan, no solo por nuestras virtudes, sino también por nuestra fragilidad e imperfección. Si esa aceptación se hace real, habremos encontrado en ella los pilares sobre los que cimentar cualquier otro avance material o inmaterial.

Porque *este éxito del que venimos hablando no es un juego, ni tampoco una conquista de algo lejano*. Es el sencillo resultado de haber aprendido a vivir agradeciendo los dones que recibimos cada día, desde la convicción de que somos seres muy dependientes, seres que no podrían existir sin las dádivas generosas de la naturaleza y la compañía, perfecta o imperfecta, de quienes cultivan con nosotros el terreno de los sueños.

El éxito vital radica en el arte del buen vivir. Apunta a una ética de lo suficiente, a una cierta sobriedad alegre en nuestras vidas, apuntaladas más por los afectos que por la posesión de las cosas. Se cultiva en medio del buen humor, de la mirada positiva sobre el mundo. También en un sentimiento profundo de *pertenencia a la familia humana*, de compasión por los que sufren, de capacidad para cultivar y fortalecer la comunidad de la que formamos parte.

A nuestro yo melancólico y enfermo, a ese que le han contado que todo consiste en consumir, en tener más, en desplazarse cada vez más lejos o vivir siempre a resguardo…, a ese yo melancólico le cuesta, a veces, dejarse sorprender por la alegría, apuntarse a la celebración, al asombro ante el misterio… Dejamos que pase la ocasión delante de nosotros y seguimos distraídos, sin verla, mirando hacia las pequeñas «recompensas» materiales que los poderes nos señalan.

Querríamos, ilusoriamente, que la felicidad fuese una cosa vendible, atrapable, y apareciese de golpe, sin hacer nada, como el simple cumplimiento de un deseo. Y no sabemos, no queremos reconocer, que el éxito es algo íntimo y profundo, imperfecto y provisional, que nunca estará conseguido del todo. *No es un estado estable, sino una sinfonía que se va desarrollando paso a paso.*

Como advertía el filósofo Alan Watts: *no se interpreta una sinfonía solo para llegar al acorde final.* Así que entonarla cada mañana, ir construyéndola poco a poco, con avances y retrocesos, en lo grande y lo pequeño, es tarea para toda una historia personal. Nosotros somos sus artífices y la vida jugará a nuestro favor si nos comprometemos con ella. No es preciso dar grandes saltos ni hacerse trapecista para alcanzar las metas… No es trabajo de héroes sino de seres humanos.

Todos podemos ser exitosos en el plano vital, el más íntimo y específico de cada persona. Los caminos del buen vivir no son únicos ni lineales, no se recorren necesariamente uno tras otro. Bien al contrario, se trata de pequeñas sendas, trayectos que se bifurcan, que componen en su conjunto un mosaico de lugares abiertos a la sorpresa y al asombro. Unas veces elegiremos rutas frondosas, esenciales para nuestro ánimo, y en otras ocasiones necesitaremos la paz y el silencio de una vereda desnuda en la que posar el alma o el eco de la soledad. Lo importante es conocerlos en su amplitud y diversidad, disponer de un pequeño «mapa» general, sabiendo que *es precisamente en el entrecruzamiento de un camino con otro, en esa forma que tienen de atravesarse y abrirse paso entre sí, donde encontraremos el buen vivir. Porque este no es un objetivo final, más bien se nos va presentando en el proceso mismo de caminar.* Por eso, este libro puede leerse de delante hacia atrás o de atrás hacia delante, en orden o a saltos, porque todos los capítulos tienen la misma importancia. Cada uno es un camino que nos invita a asomarnos a él y ha de ser la persona que lo lea la que construya su itinerario vital único e irrepetible.

¿Cómo abordar esos trayectos? ¿Con qué equipaje podremos disponernos a caminar? En lo que he podido reflexionar personalmente y recoger en mis entrevistas, he vislumbrado algunas condiciones que parecen darse en quienes han logrado recorrer los caminos del éxito vital: la primera es *la apertura*; la segunda, sin duda, *la sencillez*. Estar abiertos supone dar paso a los vientos huracanados cuando llegan comportándonos de forma tan flexible como lo haría un junco. También dar la bienvenida a la alegría y vivirla plenamente en todos esos instantes en los que nuestra existencia se asoma al paraíso... *La sencillez nos aproxima, paso a paso, a la sabiduría,* que es mucho más que la inteligencia y se nutre tanto de las ideas como de las experiencias vividas, tanto de la razón como del sentimiento que alumbra a quienes saben soñar en voz baja con ilusiones altas para volar.

Es difícil definir la sabiduría, esa mezcla de apertura, serenidad y sencillez en la que ya no tratamos compulsivamente de averiguar lo que ignoramos, sino de *dejarnos habitar por aquello que amamos.* Desde ella, *la pulsión de conocer no está nunca desligada de la aventura de existir*: lo que vamos aprendiendo nos ilumina y compromete a un tiempo. Nos permite avanzar hacia el aire libre, el pensamiento autónomo, la palabra recién estrenada... Y, a la vez, se convierte en *una pérdida de la inocencia: lo que sabemos no podemos dejar de saberlo.* Esas verdades llaman a nuestra puerta, sacuden el miedo que llevamos a cuestas, nos abren los ojos a formas nuevas de lucidez y de esperanza.

El éxito vital es hacer de cada vida una obra de arte. Pero no necesariamente una gran obra capaz de ser expuesta en un museo, sino una obra pequeña y cálida a la vez, en la que nosotros *no seamos personajes sino personas.* En esa aventura, tendremos que ir eligiendo entre el amor a la vida o el desencanto, entre la lamentación o la creatividad, entre el desasosiego o la quietud interior y la calma. Está en nosotros hacer esa elección. El presente puede ser tan diáfano como queramos verlo desde una mirada transparente. La vida puede ser una bienaventuranza si recordamos que el sol y su luz nos bendicen cada mañana, si agradecemos el pan caliente que cuece el panadero y la risa de un niño que nos despierta.

Para ello, otra condición es *la aceptación de una cuota de riesgo, grande o pequeña, según cada persona, pero inexcusable.* Donde hay una experiencia de éxito vital alguien tomó un día, muchos días, decisiones arriesgadas que se abrazaban a sus sueños. *Y el éxito no consiste precisamente en la conquista de lo esperado, sino en la dignidad, la templanza y alegría con las que cada cual ha recorrido ese camino.* En la forma en que ha transitado por él sin dejar de lado la pasión, ese gramo de locura que es siempre necesario para edificar un destino… Y en el abrazo que da cada mañana a una vida imperfecta e impura, misteriosa casi siempre, tentadora a veces…, el único jardín en el que podemos plantar la semilla del arte del buen vivir.

¡Cuántas formas tenemos de afrontar la existencia en plenitud…! ¿Por qué no abordarlas decididamente, cada uno la suya…? Nuestro destino es tener éxito en la vida. Un éxito vital, vivificante y pleno de sentido. Muchos se echan atrás porque los caminos en esa dirección comportan riesgos. Pero a esas personas hay que recordarles que *el mayor riesgo suele ser no correr riesgos…*, porque entonces es posible que nunca sintamos que ha merecido la pena ser hombre o mujer.

El éxito vital es uno de los rostros de la felicidad, se asoma a nuestra existencia pisando el umbral despacio, con los pies desnudos, para enseñarnos a sonreír, a abrazar sin miedo, a compartir… Es un bálsamo, la inminencia de una curación interior frente a los males, una lluvia ligera que humedece los insomnios regándolos de alegría… Es, tal vez, el más luminoso de los faros posibles cuando llega por la vía adecuada. *Estalla de pronto, cualquier mañana, como una revelación, la de que nuestra vida es nuestro mejor tesoro.*

De todo esto hablan las páginas que siguen, en diálogo

contigo, querido lector o lectora. Tratando de conversar con tus búsquedas y hallazgos, tu fragilidad y tus fortalezas, tus utopías grandes y pequeñas...

Ojalá ni el desaliento ni el abismo, cuando lleguen, te hagan olvidar los caminos sencillos y apasionados, hermosos y sugerentes, en los que se vislumbran las claves del éxito vital.

Ojalá tu felicidad deje de depender cada vez más del exterior y se construya en la liviandad de la ternura, en la fuerza del amor, la confianza y el coraje para llevar adelante tu proyecto personal... Y en la plenitud de una esperanza alegre y profunda que te acompañe siempre para ser como te sueñas.

MARÍA NOVO

1. Preguntarse ¿por qué no?

Ignoramos nuestra verdadera estatura
hasta que nos ponemos de pie.

EMILY DICKINSON

La vida es una aventura estimulante. En ella hay espacios en los que es posible imaginar y soñar. Esos espacios son fogatas que iluminan la geografía de nuestra existencia.

El riesgo y el miedo conviven en nosotros a diario. Asumir una decisión o un proyecto requiere una buena combinación de lucidez y coraje, supone la apertura a una experiencia inédita.

Todo ser humano es el poeta de su propia vida. Las elecciones que tomamos conforman en gran parte nuestro destino. Optar con audacia y alegría es preguntarse ¿por qué no…?

La pregunta de *los porqués* nos persigue a lo largo de la vida. Intentamos explicar de forma lógica lo que vamos a hacer o lo que hicimos. Sin embargo, se trata de una cuestión tramposa que envuelve nuestra nostalgia de ser seres absolutamente racionales y se recrea en el olvido de nuestras experiencias, porque la realidad es que, cuando hacemos algo, lo hacemos condicionados por una lluvia de impulsos entre los cuales están presentes la emoción, las intuiciones, los afectos…, incluso las pasiones. Entonces los porqués quedan relegados a su humilde lugar, precario y momentáneo.

En todo caso, a diario nos movemos entre interrogantes: evaluamos, confrontamos pros y contras… A veces incluso los escribimos en un papel para verlos más claramente. Por lo general, estos procesos nos ayudan a posicionarnos; son como pequeñas luminarias que, aun rodeadas de sombras, nos hablan de la vida todavía no vivida, de lo que podemos ser o hacer cuando nuestra inteligencia y nuestros proyectos vitales crecen juntos.

Pero hay otra pregunta –*¿por qué no?*– que nos formulamos con menos frecuencia. La eludimos en la medida en que nos aproxima al peligro, nos hace salir del confortable e inexistente lugar en el que nos imaginamos la vida como un depósito a plazo fijo. Es la interrogante que aparece en el filo de los sueños y los amores, de las nostalgias y los insomnios, de los cruces de puertas o la llegada a orillas sin destino. Asumir esta pregunta supone transitar por los caminos del buen vivir y dejar que aparezcan respuestas sin ponerles freno o rechazarlas.

Preguntarse «por qué no» es asomarse a un abismo que tiene mucho de riesgo pero también de oportunidad. Al otro lado, si lo saltamos, aparecen propuestas fértiles, estimulantes, que nos aproximan a lugares donde viven nuestras ilusiones y anhelos más queridos. Vislumbrar ese paisaje nos hace ver un margen de maniobra que ignorábamos, un territorio donde dejan de tener sentido las palabras «siempre» y «jamás»… ¿Será verdad que somos más capaces de arriesgar de lo que creemos?

La incertidumbre que acompaña a cualquier salto puede ser paralizante, sobre todo si confundimos la palabra «ahora» con la palabra «siempre». Nos hemos apegado a nuestro entorno y a las cosas con vocación de permanencia absoluta y esa atadura nos impide saltar más allá del horizonte. Sin embargo, regresar a un ahora incierto no excluye el amor o el cuidado, simplemente los sitúa en el momento donde las cosas ocurren. Nos coloca ante un presente en el que comprendemos que *la vida no es una simple imitación del vivir sino una aventura estimulante*

Y así, bajo ese reto, algunos se dejan guiar por el aforismo que dice que, *frecuentemente, el mayor riesgo es no arriesgar.* Que cada sorbo de vida tiene su cuota parte de alegría y de dolor. Que la existencia sabe a seguridad pero también a promesa, a prólogo de algo por cumplir... Escribir ese prólogo con mano temblorosa es abrirse a una verdad no revelada. Lo que vendrá a continuación será, sin duda, unos capítulos cuyo contenido total desconocemos. Ese es su riesgo y su atractivo...

Generalmente, desechamos lo inseguro. Lo tachamos de irracional por ser poco planificable, por la escasa objetividad que permite. Vivir de forma insegura es, con frecuencia, quedarse a la intemperie, limitar las certezas a una mera posibilidad... Nada fácil, en unas sociedades como las nuestras, que tiran a la cuneta a los que no pueden valerse por sí mismos. *Nuestros temores son, por tanto, parte inseparable de la lucidez. Pero, afortunadamente, no son la única.*

La lucidez también nos habla de la confianza. Nos señala ejemplos de personas y grupos que supieron confiar en el éxito arriesgando. Ellos imaginaron retazos de futuro y, a fuerza de soñarlos y trabajar a un tiempo, los fueron bautizando con palabras y hechos, con alegrías y logros inesperados... Su ejemplo nos demuestra que en las fronteras del futuro hay grietas, lugares por los que podemos infiltrar nuestros anhelos. Espacios en los que cabe imaginar, aventurarse... Fogatas dispuestas a iluminar la geografía de nuestras vidas.

Entrevisté para este libro a Pello, un ingeniero navarro afincado en Madrid. Él organiza cada primer domingo de mes una mañana de danzas en el Parque del Oeste de la capital, en la que convoca a todo aquel que quiera presentarse, sin hacerle preguntas. Tengo la suerte de disfrutar con frecuencia de esta experiencia única en la que el cuerpo y el alma se expresan al unísono. Tomarse de la mano de personas desconocidas y danzar es, entonces, parte de nuestro feliz presente.

Resulta muy estimulante compartir con doscientas personas de cualquier edad y condición social el placer de la danza y la sonrisa inconsciente que brotan todos cuando la música comienza. En esos momentos no hay preguntas, no hay juicios de valor, solo un archipiélago de pequeñas islas danzantes que, unidas por puentes invisibles, saludan a la vida en una misma canción. Lo demás desaparece. ¿Conocen algo más parecido a una meditación gozosa...?

Le pregunté a Pello cómo se había lanzado a iniciar esta experiencia. Él me confesó que necesitaba bailar y no encontraba en Madrid un lugar para hacerlo así, al aire libre, disfrutando del sol de invierno y de la sombra de un inmenso árbol en verano. Pello me dijo: *no había nada organizado, así que la pregunta que me hice fue ¿por qué no probar a hacerlo yo?*

Esa pregunta abrió las puertas de su proyecto hace años. Hoy es una realidad hermosa que hace felices a muchas personas y que a él le devuelve un eco invisible de alegría que se renueva cada domingo, al margen de cualquier rutina, porque siempre se estrena como una primera vez.

Pello me confesaba que el primer día estaba muy nervioso, que la noche anterior no había podido dormir... ¿Un chico de «la buena sociedad navarra» danzando en un parque público con gentes desconocidas...? No le habían preparado para eso...

Así nos ocurre a la mayoría de las personas cuando deseamos iniciar algo nuevo. Intuitivamente sabemos que lo que hagamos nos tomará por sorpresa en muchas ocasiones, que el horizonte se verá borroso y convivirán en nosotros el ánimo y la duda, el sueño y el cansancio... Por eso aparecen los miedos, que son también parte de lo humano, incluso un mecanismo de defensa para que no nos estrellemos corriendo detrás de algunos espejismos. *¿Dónde está la línea divisora entre el riesgo y el miedo? ¿Cómo abrirle las puertas al primero sin que el otro levante barricadas?*

Se trata de ensayar, y ahí cada persona es infinita en sus experiencias y sus contradicciones, en la cordura y la forma en que la visitan los sueños... Cruzar los puentes, afrontar algún riesgo significa asumir un cierto vértigo en nuestras vidas. Un vértigo que suele revelarse creador, vivificante, y que cada cual ha de administrar según sus fuerzas; lo que hace que existan muchas opciones diferentes. Por eso *el éxito vital no puede ser definido, sino construido por cada cual.*

Desde luego, asumir una cuota de riesgo exige saber combinarlo con una cierta lucidez para medir las fuerzas. No se trata de lanzarse al vacío sin paracaídas, sino de llevar con nosotros la mochila invisible de nuestras experiencias y capacidades. Pero también requiere un cierto ejercicio de abandono en el que damos poder y batuta a las partes menos racionales de nuestro ser: el corazón, nuestro centro sentimental e intuitivo, y esa zona del vientre que los orientales llaman «Hara» y que se identifica con nuestros impulsos emocionales. Si ellos no participan, no hay riesgo que se pueda asumir con alegría...

El desorden es un aliado natural del riesgo. Hablando sobre

él y su papel imprescindible en la vida, un viejo profesor me aconsejaba: *no introduzcas más desorden del que puedas controlar*. Esa parece ser una medida de prudencia, que no excluye la necesidad, incluso la conveniencia, de abrirle las puertas a lo que nos desorganiza, pero de conocer también nuestros límites para no perdernos y naufragar.

En todo caso, es bueno recordar que la aventura de la vida avanzó gracias al papel del desorden, esa fuerza que impulsa a los sistemas vivos a mantenerse cambiando, tratando de organizarse y de llevarse bien con el entorno. *Lo vivo se mantiene aprendiendo a cambiar, son las reglas del juego*. Así ha prosperado la naturaleza. Así evoluciona, también, nuestra propia existencia.

Los artistas conocen muy bien esta experiencia porque *el desorden es creador. No hay arte sin riesgo. Sin desorden no existe creación*. Es más: en muchas ocasiones, el acto creador es una mezcla de disfrute y sufrimiento. La creación multiplica nuestras posibilidades, pero también nos muestra los abismos, porque nos coloca frente al infinito que aparece siempre ante lo incompleto de la obra de arte.

En mayor o menor medida, un cierto desorden creador nos visita a todos, antes o después. Porque, aun sin ser un artista oficialmente, *todo ser humano es el poeta de su propia vida*, el artífice de su destino. Podemos tomar decisiones, elegir un bosque o un desierto para albergarnos, saludar a la tristeza o demorarnos en la alegría. Todo depende de cómo hayamos establecido vitalmente nuestras prioridades. Y digo vitalmente porque esa palabra incluye los aspectos racionales junto con los sentimentales y los emotivos. Cuando todos ellos se expresan, *cada decisión con riesgo es una revelación*. Al optar estamos asistiendo, a un tiempo, al deseo premeditado de vivir seguros y a la pulsión de escapar y entrar temblorosos en un territorio desconocido. Entonces, nosotros somos los primeros sorprendidos.

Nuestras elecciones vitales conforman en gran parte nuestro destino; aunque no siempre las manejamos. En muchas ocasiones, ellas nos manejan, dejando que construyamos posteriormente las narrativas que explican por qué hicimos o no hicimos algo. Son el resultado de muchos procesos conscientes, pero también de la vieja pregunta inexplicable, la del inconsciente que emerge sin pedir permiso, para perseguirnos como un viejo amigo inseparable.

Hay que correr riesgos hasta para amar... O tal vez sea ahí donde corremos los mayores riesgos, porque esas son precisamente las ocasiones en las que más difícil resulta armonizar las emociones, los sentimientos y el mundo racional. El amor es casi siempre como una enredadera que entra por la puerta de nuestra casa y crece sin permiso invadiendo las estancias, llenándolo todo de verde, rodeando las mesas y las sillas, para que cambien los colores y las formas... ¿Cómo contenerlo y prevenirnos de sus riesgos? En esas ocasiones, la pregunta «¿por qué no?» nos lanza a un horizonte desconocido, inseguro, como si hubiésemos sido expulsados del territorio de las certezas...

Nos hacemos así *seres que aprenden a ganar y a perder…* Aprendemos que no arriesgar suele pasar factura a largo plazo. Pero, cuando llega el momento, la incertidumbre de cada apuesta se disfraza de razonamientos, de justificaciones para posponer la decisión… Así vamos avanzando hacia esa difícil *sabiduría de la inseguridad* que a algunos les viene concedida por la audacia y a otros por los años. *Hay quien arriesga porque es joven y hay quienes, en la última etapa de su vida, deciden no morirse sin probar el fruto del árbol del bien y del mal.* Todo es posible y cada momento merece la pena.

Úrsula, una joven estudiante a la que entrevisté, me contaba que, en su residencia, cada vez que se aproximan los exámenes, la gente se pone a ordenar los armarios, limpiar las habitaciones… Yo daba a esta actitud una explicación simplista: necesitan un cierto orden a su alrededor para concentrarse en el estudio. Pero ella me corrigió: «No, María, son tácticas dilatorias que usamos de forma inconsciente para no enfrentarnos con el problema de aprobar o suspender».

Lo que me dijo Úrsula me dejó pensativa. ¿Será que somos capaces, en cierta medida, de engañarnos a nosotros mismos para no afrontar las situaciones complejas que implican riesgos…? Caben tantas respuestas como personas… De momento, tal vez podamos aceptar que la humedad del miedo generalmente está más afincada en nuestro interior que los sueños que no tienen un destino seguro. Y que se impone la urgencia de aprender a desalojar poco a poco los temores para acariciar con nuestras manos el color y el calor de una vida vivida.

¿Existe un secreto que pueda ayudarnos en ese camino...? Tal vez consista en *no tenerle miedo al miedo*, como me decía un marinero gallego que se marchaba al extranjero en busca de trabajo. *El miedo puede ser nuestra patria o nuestro exilio, pero nunca nuestra morada interior.* Mejor convivir con él sabiendo que existe, pero negándole presencia. Si germina en nuestra alma, nos paraliza. Entonces la vida se vuelve gris entre temores y presagios. Son los síntomas del duelo por una vida temblorosa... Alcanzan a ricos y pobres, a hombres y mujeres, a expertos y aprendices...

Ya que siempre acabamos siendo adictos a algo, tal vez convenga *elegir la audacia y la alegría.* Con ellas, al menos, no nos aburriremos. Nuestra vida podrá ser vibrante o tranquila, sorprendente o convencional..., pero en su interior estará poblada de pequeños o grandes refugios para sueños que nos movilizan, lugares que conservan lo vivido y lo imaginado, espacios en los que se unen las ilusiones y las lealtades, incluso *la mayor lealtad a nosotros mismos.*

Después de todo, queremos ser felices y aprendemos que el camino está por inventar para cada uno de nosotros. Se nos hace evidente que, para transitarlo, no valen todas las renuncias, ni todos los miedos, ni las muertes anticipadas de los deseos. Y así, buscadores en medio de lo desconocido, podemos aceptar o rechazar el camino, pero hemos de vigilar siempre que la decisión no nos lleve a otro lugar: el horizonte gris y repetitivo de la monotonía.

Nos hacemos adultos el día en que descubrimos que tene-

mos la vida prestada, que la seguridad no existe y que perse-guirla es, en sí misma, una actividad insegura. Si corremos tras ella, se nos escapa. Siempre va un paso por delante, como queriendo mostrarnos que prefiere no darse a conocer. ¿Por qué? Porque sabe que, cuando la conocemos a fondo, comenzamos a odiarla, nos invaden el aburrimiento y la rutina...

En ese doble juego entre lo seguro y lo inseguro se manifiestan nuestras contradicciones. Vivimos en un universo dinámico en el que todo fluye. El cambio es la regla de todo lo vivo. Y nosotros, seres vivos por excelencia, pretendemos pasar en medio de esa diversidad y esa riqueza atrapándola en un trozo de papel, en un contrato, una promesa escrita, una renuncia...

¡Cuántas vidas derrochadas por correr huyendo del misterio...! ¡Cuántas vidas reducidas al mero ejercicio de reproducirse, sin la apertura gloriosa que acompaña al goce de inventarse y reinventarse...!

Comentaba Alan Wats en uno de sus libros que *para gozar de placeres intensos también hemos de soportar intensos dolores*, como si ambos debieran alternarse de alguna manera a fin de que no nos saciemos ni del uno ni del otro y aprendamos a vivir con lo incierto, con el misterio inherente a nuestra existencia. No asumir riesgos es tanto como *querer que toda la vida sea controlable*. Pero eso, nos decía Wats, *es querer que sea algo distinto de la vida*. En la realidad, tropezamos a diario con el riesgo y el misterio, amigos inseparables, y las ideas y las palabras nos dan la ocasión de analizarlos o describirlos, pero nunca de controlarlos totalmente.

Entonces aparece la pregunta: ¿Por qué no? Es el desafío que se planteó Einstein cuando se atrevió a superar la ciencia establecida *viendo lo que todos veían e imaginando lo que nadie antes había pensado.* Es la pregunta de los creadores que se desprenden de viejas concepciones artísticas, científicas o técnicas para destronar lo conocido y abrirnos a mundos hasta entonces deshabitados. Es la pulsión de todos los que sueñan, hombres y mujeres, con *explorar los arrabales de la vida, los lugares inclementes, sin aparente horizonte, para avanzar por sus grietas y encontrar nuevas fuentes de luz.*

Así crecemos como individuos y como sociedades. Para ello necesitamos una gran dosis de *confianza y esperanza.* La primera nos permite tomarnos de la mano de otros seres que caminan a nuestro lado y construir la vida con ellos. La segunda hace que la transparencia de los sueños nos invite a hacerlos realidad, a construirlos y dejar que nos construyan. Y siempre ambos sentimientos, confianza y esperanza, nos enfrentan con la pregunta que nos abre al misterio: ¿por qué no…? ¿Por qué no explorar lo desconocido? ¿Por qué no amar cuando llega el instante del amor? ¿Por qué no dejar que sea la audacia la que modele nuestro destino…?

El economista francés Alain Lipietz escribió un libro titulado *Elegir la audacia.* En él muestra la posibilidad no de pensar que ya no hay más caminos, sino de *cambiar de caminos.* Nos presenta la visión de un mundo que emerge poco a poco de las prácticas y la esperanza de quienes se han atrevido a ensayar la vida de otra manera. Bajo esa consigna, el atrevimiento se convierte en algo mágico, movilizador…, que nos ayuda a reconstruir las historias personales y colectivas.

No sabemos si vivir es algo seguro o inseguro, pero intuimos que es la audacia de asomarnos a lo desconocido sabiendo que *si nos atrevemos, podemos perder, pero si no nos atrevemos, estamos perdidos…*

Tal vez la vida consista en navegar como lo hacen los verdaderos marineros: *haciéndose a la mar sin excluir la posibilidad de un naufragio*. Podemos ser los artífices de nuestro éxito vital si, incluso en altamar, nos preguntamos: «¿por qué no…?».

2. Vivir al menos una pasión en nuestra vida

La vida es inmortal mientras se vive.

MARGUERITE DURAS

Las pasiones comienzan por transformarnos a nosotros y después lo transforman todo. Nos asoman a un abismo que desmantela nuestras seguridades y hacen que algunos sueños se conviertan en milagro.

Terminamos de conocernos a nosotros mismos en las pasiones. Ellas nos descubren las luces y las sombras de nuestro mundo interior. Son como un espejo en el que antes nunca nos habíamos mirado.

La experiencia pasional es un deporte para valientes. No conduce a ningún lugar conocido, esa es su grandeza y su debilidad. Para vivirla necesitamos superar, al menos, dos miedos: el miedo a amar y el miedo a la libertad.

Quien haya experimentado una pasión sabe que lo más parecido a la inmortalidad es esa vivencia, sea amorosa, vocacional, artística... Pues cuando la pasión está presente, el tiempo se detiene y emerge un aroma que invade nuestro mundo y lo aproxima al territorio de la felicidad... La experiencia pasional a veces dura unos días, otras unos años, y para los más afortunados aparece la pregunta: ¿se puede vivir con pasión toda una vida...?

Tal vez, las pasiones amorosas de pareja sean las más difíciles de mantener, porque dependen de una relación entre dos personas, y allí donde hay dos existe la posibilidad de que un día aparezca la rutina, miremos al otro como se mira a un viejo amigo y nos digamos que se está muy a gusto a su lado, pero que ya pertenece al espectro de lo conocido... Sin embargo, cuando nuestro gozo nace de una pasión que no tiene interlocutor directo –una vocación que se alberga en el alma y crece en ella de forma autónoma–, entonces no hay más que ver el ejemplo de artistas, científicos, deportistas... que han dedicado sus vidas a hacer aquello que les acercaba a la plenitud. En estos casos, la pasión puede ser tan larga como lo sea nuestra existencia y tan fructífera como la aceptación con la que nos dejemos invadir por ella.

Hay pasiones de riesgo, que lo invaden todo, y pasiones compatibles con la vida diaria. Por eso conocemos a grandes héroes, cuyas aventuras son notorias, e ignoramos con frecuencia las grandes pasiones de nuestros colegas o vecinos, que se desenvuelven en el anonimato, pero no por ello dejan de ser menos abarcadoras.

La pasión puede ir precedida de una mirada, un encuentro, una escucha… Pero también de una idea que hacemos nuestra, de una vocación reconocida y amada, de un momento de lucidez que nos dice por dónde queremos caminar. Sea cual fuere su comienzo, *lo importante es dejarla germinar, reconocerla y amarla*; para lo cual es indispensable una pizca de locura. Sin locura no hay pasión; puede haber entrega, entusiasmo, disfrute…, pero quienes conocen lo que es el estado pasional saben que consiste en *saltar por la ventana aunque estén abiertas todas las puertas.*

En esos momentos, cortos o largos, se pone a prueba nuestra idea de éxito. Si se trata de un éxito deportivo, artístico o social, la energía se vuelca en dar los pasos necesarios, aunque exijan esfuerzo. En el éxito amoroso, en cambio, no llegamos nunca a saber cuáles son los pasos correctos, absortos por la presencia del otro que lo invade todo. Ahí es más fácil equivocarse, incluso tratar de amarrar la felicidad para acabar aprendiendo que *aquel que sujeta con fuerza su felicidad la destruye.*

Mantener una pasión es difícil, porque requiere cuidarla sin hacernos adictos a ella. Amarla, pero que no nos aprisione. Dedicarle una parte de nuestra vida pero no toda la vida. Cambiar de paso, pero no dejar de caminar… Incluso no esperar nada de ella, pues llega sin avisar y también elude cualquier explicación cuando desaparece.

Con estos mimbres… ¿nos atrevemos a darle entrada a la pasión que nos visita…? Cada quien lo resolverá como prefiera, pero no parece recomendable decir «no» a algo que será, tal vez, el mayor recuerdo que nos acompañe en los últimos momentos de la vida. En una novela que leí hace muchos años, creo recordar que era de Stendhal, una mujer vive una gran pasión de un día con un hombre al que acaba de conocer. Su vida era monótona, el hombre desaparece y ella regresa a la rutina, pero cuando se está muriendo sonríe recordando esos momentos como lo mejor que puede evocar de su historia.

Estar vivo es algo más que despertar cada mañana. Es abrir espacios para los sueños, los encuentros, las alegrías recién nacidas. Podemos ir por la vida clausurados, llevar una coraza invisible que envíe señales de «prohibido el paso». Entonces no ocurrirá nada que nos obligue a reinventarnos, estaremos en paz, pero una parte nuestra quedará inédita. *Terminamos de conocernos a nosotros mismos en las pasiones.* Es entonces cuando las emociones y el subconsciente nos muestran la otra cara de nuestra personalidad. Una verdadera escuela para saber quiénes somos íntegramente.

Decía Napoleón Bonaparte que *en el amor, como en la guerra, para alcanzar un objetivo es preciso aproximarse.* La pasión, en cualquiera de sus múltiples aspectos, se aproxima a nosotros en forma de propuesta. Nos envía una señal. Podemos abrirle la puerta, o bien podemos entornarla simplemente, dejar que nos alcance «una pizca de pasión». Pero... ¿es posible vivir las pasiones a medias?

En la respuesta que demos a esta pregunta estará el alcance del riesgo. Porque *no hay pasión sin riesgo*. Cuando ella se asoma aparecen las preguntas «¿por qué?» y «¿por qué no?» al mismo tiempo. Nos preguntamos, sorprendidos, cuál es la causa o razón de que nos esté sucediendo algo, hasta que descubrimos que en esos asuntos no valen causas ni razones y que cualquier explicación lógica deja de tener sentido tan pronto como la formulamos.

Por eso, *la pasión es un deporte para valientes*. Darle entrada supone superar los miedos, que son malos compañeros en este tipo de aventuras. Sobre todo el miedo a amar, ya sea que amemos a personas, a alguna vocación o actividad concreta, o a una idea por cumplir... *El miedo a amar paraliza*. Intuitivamente sabemos que, cuando se ama con entrega, nos convertimos en náufragos de nuestro propio viaje a la cordura. El amor invade el sueño, está presente en el insomnio y organiza las horas de vigilia. Es la experiencia en la que mejor se dan la mano el goce y el dolor: por eso le tememos.

Toda pasión comporta desorden; por eso nos desconciertan sus latidos. Sin embargo, en la vida es tan importante mantenerse dentro de unos ciertos parámetros como saber dar entrada a un desorden que generalmente suele ser fuente de enriquecimiento y aprendizaje. Los seres humanos nos parecemos a esas grandes extensiones que, de vez en cuando, bañan las lluvias imprevistas. Estas vienen a romper la regularidad, pero son una fuente de vida: obligan al suelo y a las plantas a despertar y rehacerse. Así ocurre en el territorio de nuestra existencia. Tenemos hambre de engendrar belleza y armonía, pero nos vemos sorprendidos por un cambio que se presenta sin avisar y, al asumirlo, nos vamos preparando para otra forma de belleza, la que no elude el aliento creador de lo desconocido, ese delirio que salta todas las barreras y nos descubre nuestra fragilidad.

La pasión es un vértigo que llega clandestinamente con voluntad de infinito. Nos asoma a un abismo que desmantela muchas de nuestras seguridades, desorienta la brújula y hace que cualquier cosa se convierta en milagro. Sobrevivimos a las pasiones amorosas porque duran poco y se transforman. Transitan desde el enamoramiento –una enfermedad– al amor más sosegado y tranquilo. Un amigo entrevistado me decía que, en el campo interpersonal, ese momento se reconoce porque entonces comienzas a sentir que la otra persona «ya es de la familia…», una buena metáfora para quitarle todo el brillo engañoso a la relación y dejarla al desnudo.

«Ser de la familia» es el comienzo de ser visto de cerca con nuestros defectos, nuestras «anormalidades», todo aquello que no había aparecido en el frondoso bosque del enamoramiento. Hay personas que no soportan este paso, que prefieren vivir toda la vida de forma apasionada, para lo cual cambian de pareja o de actividad cada cierto tiempo. Otras aprenden la lección y se quedan con el recuerdo, aceptan el nuevo estado de cosas y consiguen ser felices en él.

Sea como fuere, parece probado que quienes han vivido, al menos, una pasión en su vida, sienten que han tocado el cielo con las manos. Han pagado el precio de arriesgar, ahora bien… *¿no es, acaso, tan inseguro no arriesgar?* Solo quien arriesga abre su morada a lo imposible, a lo inesperado, incluso a lo caótico. Porque la pasión nos sumerge en un estado de caos y duermevela en el que sentimos estar recibiendo un préstamo que no nos pertenece. Algo así como una primavera que durará hasta que llegue el verano, pero sin la cual nos faltaría una estación del calendario de nuestra vida por vivir.

Desde niña he admirado y leído mil veces a un personaje pasional: el poeta Walt Whitman. Lo descubrí siendo muy joven y ya nunca me abandonó, más bien se convirtió en «mi amigo Walt», pese a haber nacido en 1819. Su *pasión por la poesía* no quedó reducida al hecho de escribir versos. Se hizo carne en su forma de estar en el mundo, en los muchos oficios que desempeñó, entre ellos el de cuidar a los heridos de la guerra de Secesión después de las batallas. Su amor por la naturaleza fue paralelo a su entrega a la aventura de vivir la naturaleza humana sin que le importasen las injurias o el escándalo que producían sus textos en la puritana sociedad de su tiempo. Su vida fue una experiencia poética del principio al final. Supo ser desbordante, explorar caminos de barro no pisados y experimentar con alegría su condición existencial.

Solo publicó una obra que fue revisando y ampliando sucesivamente a lo largo de los años: *Hojas de hierba*. En ella está contenido uno de los más bellos cantos al ser humano y a la vida que conozco: el «Canto de mí mismo». Un largo poema que celebra cuanto hay en nuestros cuerpos y en nuestros territorios invisibles. En él se define como "el gran catador de la vida, el que la degusta y acaricia incansable donde quiera que se mueva".

Como Whitman, otros poetas y artistas han dejado constancia de la experiencia vital de una pasión, de la que él llamaba «aurora tremenda y deslumbrante» que llevan dentro de sí quienes tienen el genio de la creación. Sin embargo, es mayor el número de personas que han querido aprisionar este riesgo en una caja de cartón. Pero el riesgo no es de arena, es de aire, así que aprisionarlo es vano intento y por ahí han ido a parar muchas vidas frustradas de gentes que no tuvieron el valor de apostar por sus pasiones, fueran estas vocacionales, amorosas o profesionales.

¿Adónde conduce la pasión? A ningún lugar conocido. Esa es su grandeza y su debilidad. Se abre ante nuestros pies como un abismo para cuyo salto no estamos entrenados. Solo venciendo los temores es posible adentrarse en esos territorios, pero el temor forma parte de nuestras pulsiones esenciales. ¿Podemos, en esos casos, medir el riesgo? Hay quienes sostienen que arriesgar no es apostar por la locura, sino evaluar bien las fuerzas. Por ahí caminan muchas pasiones que consiguen perdurar en el goce y el desvelo. Otros, en cambio, entienden que riesgo significa vendarse los ojos y lanzarse al vacío. Son los más intrépidos, o los más locos. Claro que ya hemos dicho que la pasión tiene una pizca de locura... La cuestión

es donde termina la pizca y comienza la locura total. ¿Es eso controlable…?

Cada cual va tomando sus opciones… Lo importante es dialogar con el mensajero que trae la pasión a nuestras vidas y saber reconocer el mensaje. Casi siempre, en esos momentos, junto al miedo a amar, que ya hemos comentado, aparece otra pulsión paralizante: *el miedo a la libertad.*

Dejarse llevar sin control por la locura pasional puede ser una experiencia de alto riesgo, pero *temerle a la libertad es dar un paso en falso que nos perseguirá toda la vida.* La libertad es el don supremo de los seres humanos, es de algún modo nuestra patria, el espacio en el que germinan las esperanzas y los sueños. Ser libres es la primera condición que inaugura nuestra experiencia adulta, nuestra convivencia en sociedad, la autonomía para hacernos cargo del sufrimiento y la alegría como un bagaje propio, pesado y liviano al mismo tiempo.

La libertad es el aleluya de la vida, la condición primera para aprender y enseñar algo, para salir de la ignorancia y comprender las claves de la existencia. Nuestra libertad interior en sentido puro no conoce más puntos cardinales que los de la propia conciencia, ni más palabras que las que dictan nuestras preguntas acerca del amor, el sufrimiento y la dicha.

El éxito vital se construye desde ahí, desde esa posición en la cual nos aceptamos y nos respetamos, nos dejamos desafiar por las utopías, nos abrazamos a otros seres que caminan a nuestro lado para afrontar el vendaval de cualquier pasión, grande o pequeña. *Necesitamos ser libres, haber aprendido a amar, para que las pasiones se manifiesten ante nosotros*, nos enseñen la cara oculta de nuestro corazón, y reduzcan a humildad cualquier alarde de gloria o de penuria.

Por eso conviene recordar que *toda pasión tiene algo de purificación*: es como un crisol por el que se depuran las sorpresas y las decepciones, el sufrimiento y la alegría… Cada persona es artífice de ese proceso. Aunque no lo busque le llegará por sorpresa, le hablará del pasado y del futuro, del perdón y la memoria, de la cordura y la desmesura… Todo está ahí para sanarnos, entremezclando las risas y los llantos, la realidad y los sueños, las formas de vivir y las de sobrevivir…

Quien no haya vivido una pasión no habrá pasado por ese proceso purificador. Puede que su vida haya sido feliz, ejemplar, satisfactoria…, pero hay una forma de abandono, un modo de viajar a los sueños, que quedarán inéditos en su historia. Las pasiones nos encadenan momentáneamente, pero a la larga son las pequeñas hazañas de gloria de quien acepta entregarse a una vocación, un amor, un proyecto…

Así vivieron grandes hombres y mujeres. Así siguen viviendo muchas personas célebres y otras anónimas. Pensemos en la pasión de Mahatma Gandhi por lograr la libertad del pueblo indio. Una pasión vivida pacíficamente, cuyas únicas armas fueron la palabra y la resistencia. Una entrega alimentada por el amor y la libertad. Nadie podría presagiar que un hombre sencillo con una rueca llegaría a tumbar al imperio británico. *Así son las pasiones, comienzan por transformarnos a nosotros y después lo transforman todo* .

En mis entrevistas hablé de este tema con un terapeuta. ¿Qué función crees que cumplen las pasiones en nuestras vidas? Él, que tanto ha escuchado, me respondió: *nos descubren nuestras luces y nuestras sombras; son como un espejo en el que antes nunca nos habíamos mirado.*

La poeta María Zambrano, amante apasionada de la vida y de la palabra, nos hablaba de la apertura al mundo, cuando se ama y se arriesga, como un despertar de la criatura que somos *deslumbrada y aterida al mismo tiempo.* Y nos sugería un método: *hay que dormirse arriba en la luz; hay que estar despierto abajo en la oscuridad.*

La pasión se establece, así, en los límites de lo inteligible. Nos exige un esfuerzo para ensancharlos, para ser capaces de hacer el tránsito hacia una nueva verdad que se abre paso casi siempre sin pedir permiso. Podemos iniciar la retirada cuando llega, pero, si lo hacemos, nada podrá desterrar de nuestra alma el sentimiento de no haber sabido escuchar la llamada de lo diferente, lo retador, lo inconfundiblemente vivo. Tenemos la posibilidad, en cambio, de dejarla entrar. Entonces, nuestra vida se convierte en una constante fluctuación. Necesitamos aprender a organizarnos lejos del equilibrio, saborear los momentos de gracia sin temer las desgracias... ¿Es todo ser humano capaz de tales aventuras...? Cada cual que mire hacia dentro y se examine...

Hay sueños grandes y pequeños. Hay éxitos que nos desbordan y otros que nos acompañan a diario e iluminan nuestra historia personal. Pero en ambos casos suele aparecer siempre algo irrenunciable: esa pasión que puede durar días, meses, años…, convocándonos a la desnudez de nuestra alma, al lugar tembloroso en el que se vive la experiencia como liberación o como agonía. Elegir es nuestra opción. Nos va en ella la vida…

3. Si tenemos un amigo tuerto, mirarlo de perfil

Visto de cerca, nadie es normal.

CAETANO VELOSO

El éxito vital es imposible sin la experiencia de la amistad. La persona amiga es aquella ante la cual podemos mostrar nuestra debilidad sin máscaras y también celebrar nuestras fortalezas.

Reconocemos al amigo o amiga porque es alguien distinto de nosotros pero complementario. De su mano descubrimos el mundo y afrontamos la vida potenciando su singularidad y la nuestra.

Toda amistad está sometida a pruebas. Una de ellas es la de la perfección: pretender que la persona amiga sea alguien sin defectos.

Superamos la prueba cuando, desde la propia conciencia de nuestras flaquezas, aprendemos a amar al otro con las suyas.

La experiencia de tener amigos es la de ser queridos tal cual somos. En ella se asienta, sin duda, una gran parte de nuestro éxito vital. Es más, me atrevería a decir que este éxito es imposible sin amigos, sin su complicidad y apoyo, porque en ellos se alberga no solo un mundo indispensable de afectos, sino también el aroma inconfundible de la empatía, la posibilidad de poder mostrarnos sin máscaras, sin que nos desorienten ni el poder ni la vanagloria…, seres con debilidad y firmeza, con dureza y ternura, a la vez héroes y villanos…

La vivencia de una amistad gratificante se cumple en este terreno de lo auténtico, no admite sofisticaciones ni envolturas. Ante el amigo o la amiga debe poder hacerse real una recomendación que nos hacía Adorno en sus *Mínima Moralia*: *solo eres amado cuando puedes mostrar tu debilidad sin que el otro la utilice para afianzar su fuerza.*

La amistad es, así, el territorio del encuentro con otra alma querida que nos acompaña. No necesariamente porque piense lo mismo que nosotros, sino porque sabe comprendernos y querernos aun cuando entonemos una canción cuyo ritmo no conoce o le desagrada. Porque, *con la persona amiga, lo importante es el hecho de haber sido elegidos para transitar por el mundo en compañía y la confianza recíproca en que esa tarea es posible.*

Descubrir con especial empatía a una persona que intuimos podrá ser nuestro amigo o amiga tiene mucho de misterio; nos asomamos a su vida porque, de pronto, capta nuestro interés y nos hace sentirnos partícipes de algo especial: el encuentro con *alguien distinto a nosotros pero complementario*. Un encuentro que difiere del enamoramiento, más sereno y sosegado. No como algo que exige con urgencia la construcción de un vínculo, sino como el anuncio de una intención de conocerse, la aspiración de prolongar la compañía sin prisas…, como algo por venir, un sencillo deseo de compartir que no tiene metas ni expectativas.

El acto inaugural de una amistad no es tanto el conocimiento del otro como un reconocimiento. Intuimos que esa persona "ya ha estado antes en nuestra vida", en la realidad o en los sueños, y ahora aparece para enriquecerla. Algo así como una revelación, la apertura de ventanas por las que asomarnos a la experiencia de existir acompañados.

Y así vamos aprendiendo a caminar más allá de la soledad y conociendo mejor no solo al otro sino a nosotros mismos. Porque *el amigo no es alguien que nos trae la verdad, sino la persona con la que queremos descubrir y debatir las verdades diarias*. No tanto para llegar siempre a conclusiones comunes, sino para converger en la búsqueda y enriquecernos con los hallazgos.

Es más, necesitamos en cierta medida que la persona amiga sea diferente de nosotros, porque es ahí, en esa diferencia, donde se esconde la fecundidad de un encuentro que suele revelarnos aspectos del enigma que somos para nosotros mismos. Pues la amistad, cuando se alimenta por ambas partes, tiene mucho de refugio frente a la dureza del mundo, pero también de oportunidad en la que nos descubrimos en facetas que nunca habíamos explorado. Por eso nos gusta escuchar a la persona que nos regala la palabra leal, la insinuación pertinente, el anuncio de algo nuevo en nuestra biografía.

El encuentro con el amigo es, de este modo, una ocasión para que salgan a la luz su singularidad y la nuestra. No para fundirse, como en el encuentro amoroso, sino para mantenerse en una especie de filigrana de momentos, entregas, que no pretenden cambiar o atrapar al otro, sino simplemente estar a su lado, darle calor, curar sus heridas si las tiene…

El arte del buen vivir se escribe, en este contexto, *cuando el amor que tenemos a la persona amiga es mayor que la necesidad de su presencia permanente.* No llegamos al encuentro con ella con la urgencia de un intercambio, sino más bien como resultado de una elección serena: porque la hemos elegido y nos sentimos bien en su presencia, con la certeza de que a su lado no existen pasos en falso pues, aunque los diésemos, seríamos perdonados.

Necesitamos personas amigas para explorar el mundo. También para vivir bien, con un cierto sosiego, el de saber que alguien nos quiere tal y como somos. Porque el amor del amigo no impone comportamientos, no redacta sentencias, no nos hace caminar por rutas obligadas. Alcanzamos su gracia cuando llegamos a él con respeto y confianza, con el íntimo sentimiento de ser libres, a partir de un encuentro en el que se entrelazan lo más sencillo de la vida y lo más sublime, la vida diaria con sus miserias y la grandeza de todos los anhelos.

En la amistad cabe la admiración. Es más, suele darse de forma recíproca porque *cada parte admira de la otra las virtudes y cualidades que ella no tiene*. Pero la sola admiración no conduce por sí misma a la amistad, incluso a veces la dificulta. Pese a ello, hay personas que necesitan constantemente buscar nuevas amistades. No tanto por el placer de lo nuevo o el desencanto de lo conocido, sino porque sienten que ya no suscitan admiración en aquellos que las conocen en la vida diaria, con su fragilidad y contradicciones.

Sin embargo es ahí, en esa intimidad compartida de la vida cotidiana, donde se alberga el auténtico núcleo de la amistad. En esos espacios, ambas partes pueden hacerse preguntas honestas y pertinentes que conduzcan poco a poco al otro al reconocimiento de sus capacidades y compromisos, de su piedad o su dureza, de las dudas o el desasosiego.

No importa que existan maestros, madres y padres, familiares… El amigo ocupa otro lugar, ni mayor ni menor, sino distinto. *La amistad es una forma de amor en la que, a diferencia de otras, hacemos nuestras elecciones con criterio moral.* A un hijo podemos amarlo incondicionalmente, sea honrado o ladrón. Pero a un amigo le exigimos que sea honesto, que comparta nuestros posicionamientos básicos ante la vida (no necesariamente nuestras ideologías…), que no nos mienta ni pretenda poseernos. Por eso, como afirma Francesco Alberoni en un hermoso libro sobre este tema, *la amistad es la forma ética del amor.*

Y es, posiblemente, la manera de amar que respeta mejor la libertad del otro. No pide explicaciones, pero sabe escuchar y estar atenta a las necesidades que se manifiestan en cada encuentro. *Amigo es quien sabe extraer lo mejor de nosotros*, convirtiendo en accesible lo que nos parecía inaccesible, estimulando el gozo de tener a alguien que sabe mirar en nuestro cambiante corazón. El amigo no es solo la persona con quien hablar, sino también alguien a quien abrazar porque nos conoce bien, porque no necesitamos fingir ante él…, porque nos ama no solo a causa de nuestras virtudes, sino también por esa frágil e inconsistente morada que es nuestra biografía.

Podemos conocer a una persona por sus amigos y amigas. Ellos serán espejo y reflejo de su moralidad y su talante vital, de su creatividad y sus proyectos, de su tolerancia para caminar en compañía… Dice un viejo refrán que *amigos son aquellos que nos preguntan cómo estamos y esperan a escuchar la contestación.* Y es que en la amistad no caben las prisas, ni se resuelven los encuentros en la mera cortesía. Hay algo más importante, que arropa a ambas partes y construye ese vínculo sincero: el hecho de la aceptación, la conciencia de que el otro nos quiere y, si bien no soñará nuestros sueños por nosotros, nos llevará de la mano hacia ellos.

La fortuna me ha hecho el regalo de tener excelentes amigos y amigas. Una de ellas, M. Ángeles, me dio un ejemplo de verdadera amistad en un momento en el que yo estaba tomando una decisión arriesgada que ella consideraba una locura. Después de relatarle los pasos que estaba dando, le pregunté: «¿me entiendes?». A lo que me respondió: «no importa si te entiendo, lo importante es que te quiero y que voy a estar a tu lado».

Momentos y situaciones así alimentan la amistad, la afianzan y preparan para nuevas pruebas. Porque en ella, como en todo lo que tiene valor en nuestras vidas, abundan las pruebas. Una es, sin duda, *la de la perfección, la tentación de imaginar a la persona amiga como alguien sin defectos*, alguien que amanece y se acuesta de la mano de los dioses… Superar esa ingenua percepción hace que la amistad se apuntale y crezca, pero exige una mirada humilde hacia nuestro propio interior, allí donde encontramos errores y excesos que nos cuesta reconocer. Y así, desde la propia conciencia de nuestras miserias, aprendemos a amar al otro con las suyas.

Como afirma Eduardo Galeano, *la perfección es el aburrido privilegio de los dioses*. Sin embargo, a veces la persona amiga hace algo excepcionalmente bien, destaca por su inteligencia o sus habilidades sociales, y de inmediato estamos pensando en exigirle ese alto nivel en todo lo demás. Eso dificulta cualquier relación humana y la amistad también, porque no solo resulta agotador sino imposible. Se atribuye a Einstein una reflexión al respecto: «todos somos genios, pero si juzgas a un pez por su habilidad para trepar árboles, vivirá toda su vida pensando que es un inútil».

La otra cara de la exigencia de perfección es *el rechazo de la imperfección,* cuando tenemos un amigo con algún defecto acusado que nos resulta difícil aceptar. En esos casos es pertinente recordar la idea que titula este capítulo: si es tuerto, mirarlo de perfil… Es decir, colocar entre paréntesis su imperfección e insertar ese paréntesis en todo lo que esa persona es, haciéndole un guiño de complicidad al conjunto.

En ocasiones, lo que nos separa de la persona amiga es una diferencia cultural o de poder. Sobrepasarla es concederse permiso para recordar nuestra propia insignificancia vital, más allá de los títulos y los honores, en la fatiga diaria de labrarnos un destino con materiales no siempre nobles y disponibles. Y se impone *el aprendizaje de la observación y la escucha*. Desde él es posible entender y admirar vidas muy distintas culturalmente a las nuestras, cuyos protagonistas nos dan ejemplo de inteligencia emocional y capacidad para amar. Porque no está dicho ni demostrado en ningún sitio que el éxito social, el triunfo profesional o la inteligencia, por sí solos, nos hagan mejores personas. Y los llamados «sabios» tienen mucho que aprender de las personas sencillas y mucho que beneficiarse de su amistad.

Entrevisté sobre este tema a un conocido intelectual y él me relató una historia que atribuía al filósofo Immanuel Kant, en una faceta poco conocida de su vida. Al parecer, Kant consideraba que una de las excelencias del arte de vivir era comer en buena compañía, en un encuentro en el que se hablase de algo sin humillar la posible ignorancia de alguno de los comensales, el número de los cuales debería ser mayor que el de las Gracias (tres) y menor que el de las Musas (nueve). No sé si la anécdota es cierta, pero, en todo caso, su enseñanza merece la pena. Porque *solo cuando las distancias intelectuales o profesionales dejan de ser tenidas en cuenta resulta posible el anuncio de una amistad.*

En todo caso, mi entrevistado completaba la historia con una confidencia personal: cuando le invitan a una comida nunca pregunta qué es lo que va a comer, sino con quién.

No es imposible, pero sí difícil, ser amigo de un superior jerárquico. Se requiere mucho tacto, prudencia y respeto por ambas partes. Por eso, la imagen más infrecuente de un amigo es la de un rey, un jefe, o, sobre todo, un dictador. Porque *la amistad es una cualidad democrática a la que solo se accede desde la libre voluntad de quienes la profesan.* No puede recomendarse, ni recetarse como una cura, ni mucho menos imponerse. Es una especie de donación recíproca en la que no sirven los títulos, se desvanecen los honores, y cualquier valoración del otro tiene lugar en la sencillez de su condición humana, allí donde se expresa lo esencial de una vida.

El encuentro con las personas amigas es un decir franco, de corazón a corazón, pero no exento de conflictos. Como todo lo importante, la amistad ha de pasar la prueba de la incomprensión y la frialdad, de la desazón y la distancia espiritual. En esas situaciones, que toda amistad verdadera conoce, irrumpe en nuestras vidas una especie de quiebra en la que brotan las expectativas no cumplidas, los deseos insatisfechos, las ocasiones de soledad no querida… En tales circunstancias, algunas amistades no logran sobrevivir, pero las que lo consiguen se afianzan no solo por la fuerza del afecto o el sentimiento, sino por el esfuerzo compartido de esa reconstrucción, como si se hubiese estrenado algo –tal vez una cierta incondicionalidad– que nunca antes se había poseído.

El erotismo no es un componente esencial de la amistad, pero hay *amistades eróticas* que demuestran que la pasión puede ser compatible con la ausencia de exclusividad tan propia del amor de pareja. En esos casos, cuando un hombre o una mujer tienen lo que alguien de mi entorno llama «amigos coloridos», la experiencia del encuentro erótico es compatible con la serenidad que le sigue, con la falta de pulsión para retener a la otra persona, con la feliz sensación de vivir un hermoso presente para el cual no planeamos un futuro.

Hay también *amistades espirituales* en las que la fidelidad a un destino compartido conmueve. Así fue, por ejemplo, la de Marx y Engels, que duró toda la vida con admiración recíproca y consciencia de su complementariedad, este último trabajando para poder ayudar económicamente a Marx y a su familia durante el largo tiempo en que se gestó *El capital*. Aunque temperamentalmente ambos eran muy distintos –Engels más sereno y Marx más oscilante en sus estados de ánimo–, ello no fue impedimento para una inmensa confianza del uno en el otro. Su amistad fue tan fuerte que se prolongó incluso después de la muerte de Marx, cuando Engels asumió la tarea de ordenar los múltiples y caóticos papeles de la obra marxiana.

El secreto de una amistad tan difícil de construir entre dos personas de enorme talla intelectual al parecer radica en que *cada uno conocía y aceptaba las fortalezas y debilidades del otro y trataba de compensarlas con las suyas.* Aunque participaban de un ideal semejante, no siempre coincidían en sus pronósticos o en las posibles alternativas. Estas diferencias quedaban superadas por el respeto y la búsqueda común que compartían, convirtiéndolas en una fuente de enriquecimiento para ambos.

Finalmente, hay algo que nos confirma que la persona a la que llamamos amigo o amiga lo es en realidad: *su capacidad para disfrutar con nuestros éxitos, para alegrarse cuando la vida nos va bien* y participar de nuestros gozos como si fueran suyos. Porque tener al lado a personas en los tropiezos con el dolor es estupendo, pero esa compañía puede estar guiada por la compasión, o incluso por el deseo inconsciente de ser útiles. Sin embargo, cuando alguien disfruta con nuestras pequeñas glorias, cuando celebra con nosotros la sorpresa gratificante o creadora, entonces podemos tener por cierto que esa persona merece ser llamada amiga.

Del amigo lo esperamos todo sin exigir nada. Lo sabemos casi todo sin preguntar. Amamos sus virtudes y pasamos por alto sus defectos. Porque la amistad forma parte de la vida, de lo razonable e irrazonable que hay en ella, por eso nunca podremos explicar del todo su misterio. Si acaso, solamente, ser cautivados por él.

4. Confiar en lo improbable

Los dioses nos dan muchas sorpresas.
Lo esperado no se cumple y,
para lo inesperado, un dios abre la puerta.

EURÍPIDES

Aceptar con serenidad lo que la vida nos trae y confiar es el primer paso para descubrir lo positivo que se esconde en todo acontecimiento negativo.

Podemos elegir nuestro estado de ánimo y nuestra actitud ante la adversidad. La resiliencia para revertir a nuestro favor lo que se nos viene en contra es un componente del éxito vital.

La capacidad de la vida para sorprendernos alcanza también a nuestros sueños y proyectos.

Para reconocer las oportunidades, es preciso estar despiertos, vivir atentos y seguir confiando.

En ocasiones, la vida se pone del revés. Aquello que teníamos previsto desaparece y en su lugar se despliega un tejido hecho de mimbres que nosotros no habíamos dispuesto, a veces positivos pero otras veces sorprendentes y cargados de dolor o incertidumbre.

Las novedades felices son las más fáciles de aceptar. Con las negativas, en cambio, la confusión y la perplejidad suelen darse la mano con el dolor. Incluso cualquier señal de transparencia se emborrona cuando imaginamos el día siguiente… Generalmente, ante estas situaciones se impone actuar y *nuestra disposición de ánimo a la hora de responder es fundamental,* tanto si hacemos algo como si nos limitamos a resistir pasivamente. Ella definirá en gran medida la evolución del problema.

Hay emergencias que requieren una respuesta inmediata, casi refleja. Por ejemplo en caso de un accidente de tráfico, una persona que se quema, o alguien que pierde el conocimiento. Pero, en la mayor parte de las ocasiones, lo que nos viene exigido es la calma, tomarnos un tiempo y estar despiertos con la serenidad necesaria para contemplar todos los elementos en juego y poder analizarlos sin acaloramiento.

La tarea es siempre compleja. Enfocarla adecuadamente está en nuestras manos. Decía el poeta Novalis que *cuando veamos un gigante, conviene examinar primero la posición del sol, no vaya a ser la sombra de un pigmeo.* Así también, cuando nos aceche la angustia ante la magnitud de un problema, no estará de más que revisemos el ángulo desde el cual lo contemplamos, no sea que lo estemos mirando desde el lugar equivocado y perdamos con ello la perspectiva.

Con frecuencia, una correcta visión, cuando disponemos de tiempo, nos lleva a *abandonar pronto la perplejidad y comenzar a ver el problema en su justa medida.* Entonces empiezan a aparecer las alternativas junto con los riesgos, en un ancho campo en el que tenemos que elegir los pasos y la mirada, las acciones y los momentos de quietud... Un proceso en el que suele desvelarse casi siempre todo lo positivo que podemos hacer para *un lento descubrir de la esperanza.* Y vislumbramos la experiencia de confiar en lo improbable.

Esa confianza no se improvisa, viene del cultivo de la fe en la vida, del ejercicio de apertura que nos prepara para lo imprevisto. Y también de la capacidad para reconocer cuándo las circunstancias ya no dependen de nosotros. Para, aun así, *seguir confiando, seguir intentando lo aparentemente absurdo, lo improbable.* Esta es, sin duda, la forma más elevada de confianza que un ser humano puede desarrollar.

En nuestra historia reciente tenemos casos de personas que entraron en coma y estuvieron así largos años para «resucitar» a la vida tras muchísimo tiempo. En todos ellos, siempre existió una madre, un novio, una enfermera... que siguió hablando diariamente con esa persona, la tomó de la mano y le contó sus pequeñas historias cotidianas... Siempre hubo alguien que confió contra toda esperanza...

La confianza en lo improbable no es ciega ni loca. Nace de una evidencia, al menos: la mayor parte de los acontecimientos que cambiaron nuestras historias personales habrían sido calificados por nosotros de poco probables o imposibles antes de que ocurrieran. Así me hablaban algunos entrevistados de la forma en que habían conocido a su pareja tropezando en la calle; de la enfermedad contraída cuando ya tenían puestas todas las vacunas, o del hijo que nació de un fin de año festivo pese a que la madre ya se creía estéril.

Cuando la noticia recién llegada es negativa y nos encoge el alma, descubrimos que se amplía el límite de lo soportable, que *no sobre todo lo que llega es posible elegir*, y que nuestra decisión o nuestro deseo tropiezan con la contundencia de los hechos. En estas ocasiones, el conflicto radical del ser humano emerge en toda su crudeza: de pronto desaparecen las certezas (si es que alguna vez las tuvimos). En su lugar, nos envuelve una tela de araña de incertidumbres, y la vida se convierte en una aventura de posibilidades y probabilidades... Nunca el futuro había sido tan incierto...

Sin embargo, el ejercicio de aceptar lo que la vida nos trae, lejos de contener más sufrimiento, suele convertirse en un paréntesis en el que se revelan pequeñas opciones posibles, formas de convivir con esa derrota momentánea o duradera, consuelo para nuestro desconsuelo... Es importante estar atento a esos momentos, al paisaje que se va dibujando en medio de la tormenta, porque en ellos emerge con frecuencia *lo positivo que hay en todo acontecimiento negativo.*

Hacerle hueco a esa pequeña semilla positiva y ayudarla a germinar es nuestra tarea. Un trabajo arduo que se desarrolla casi siempre en el exilio de cualquier seguridad, sorprendidos a la intemperie como si el tiempo calmo se hubiese ido de vacaciones y solo quedasen los fríos y los vientos propios del invierno de la vida.

En ese punto, extrañados incluso de nosotros mismos, necesitamos recordar que, si bien no sobre todo lo que nos llega es posible elegir, sí podemos practicar una de las mayores virtudes humanas: la de *elegir nuestra actitud y nuestro estado de ánimo ante la adversidad.* Una actitud que, en cierta manera, será la expresión de nuestra capacidad para no perder la brújula de la propia existencia. Y que, al mismo tiempo, pondrá en juego *esa potente fuerza interior llamada resiliencia*, para tratar de revertir a nuestro favor aquellas situaciones o circunstancias que tienen la árida señal del dolor o el abandono.

La resiliencia no se improvisa, aunque tiene mucho de misterio. Podemos cultivarla dando paso a las pequeñas perturbaciones que surgen en nuestra vida, a fin de estar «entrenados» para el momento en que aparezca una de más envergadura. Pero también puede llegar en el momento más inesperado, por sorpresa. Es un componente intrínseco del éxito vital, que consiste precisamente en *saber gestionar con serenidad y acierto los problemas que nos alejan del equilibrio.*

Un ejemplo de resiliencia lo tenemos en las crecidas del

Nilo, que inundan los campos en lo que aparentemente podría parecer un desastre y, sin embargo, con el limo y los nutrientes del río, se convierte en una bendición para nuevas cosechas. Esas crecidas están en la base de la prosperidad histórica de Egipto. Pero fue necesario que los campesinos de las tierras inundadas comprendiesen resilientemente que había algo bueno en esa aparente catástrofe. Su aprendizaje fue su salvación. Porque *la resiliencia salva, es sanadora y proveedora de buenas noticias.*

Cada crisis o problema importante en nuestras vidas nos enfrenta con el conflicto último e íntimo del ser humano, ese que María Zambrano definió como *se puede o no se puede,* recordándonos que la vida humana es el territorio de la posibilidad. Entonces, nos dice ella, hace falta valor para mirar despacio nuestra desnudez, para *ver qué es lo que nos queda cuando lo importante se nos escapa.* Y aprendemos (o tal vez recordamos lo que ya deberíamos haber aprendido) que el ser humano es una criatura que nunca está terminada en su construcción y que, aun en medio de las mayores tormentas, podemos y debemos reparar las vías de agua de nuestro barco sin esperar que pase el temporal, en plena altamar.

La fuerza que se abre paso en medio de esta actitud es la esperanza, alimentada por los sueños. Si podemos esperar, seguir soñando, con valentía y coraje…; si conseguimos transformar el miedo en esperanza, entonces comenzamos a vislumbrar lo inesperado y descubrimos que la vida está llena de prodigios. Maravillas que antes no veíamos y que ahora aparecen nítidas ante nuestros sentidos ofreciéndonos su belleza: el rostro de los seres queridos; el sonido del viento en los árboles; el placer de abrazar a un alma amiga...

Por lo general, cuando hemos sobrellevado una circunstancia dolorosa (un accidente, una enfermedad grave...) salimos del percance cambiados, casi siempre para bien. Porque *el sufrimiento inaugura siempre una nueva percepción del valor de las cosas.* De pronto se convierte en un lujo poder hablar, poder ver, oír, abrazar... Salimos de la soledad real o sentida frente al miedo y el horizonte se nos aparece como algo armónico y acariciante, lleno de oportunidades... Un lugar en el que dejan de tener valor la culpa y el desvelo y aparecen, deslumbrantes, la belleza y la alegría de poder contemplarla.

Quien nunca ha pasado por una situación profunda de pérdida, miedo o sufrimiento no alcanzará tampoco ese esplendor. Porque *el aleluya de la vida solo es entonado por quienes han tocado con sus manos la posibilidad de perderla en todo o en parte, la experiencia de una soledad intensísima, la lucidez de la propia fragilidad llevada al extremo* Así somos, tan poco dados al reconocimiento y la memoria que necesitamos respirar el aroma de la muerte para reconciliarnos con la vida y cantarla en alto...

Entonces comenzamos a descubrir la felicidad de las pequeñas cosas, de los hechos aparentemente intrascendentes. Y *aprendemos a confiar en lo improbable.* Porque hemos sido bendecidos por esa escasa cuota de probabilidad que teníamos como capital de partida. Porque hemos aprendido a valorar nuestras fortalezas. Porque ahora somos, en resumen, más humanos…

Y ya no nos importa si el día siguiente amanece con sol o nublado, si nuestra casa está en la pradera o en el bosque… Todo encuentra su sitio cuando hemos practicado el ejercicio de confiar en la vida y hemos podido comprobar que *de grandes problemas pueden llegarnos enormes oportunidades.* También porque ahora nos reconocemos mejor equipados para afrontar el dolor o una soledad no querida. Y, al fin, *aprendemos a amar la vida no solo por lo que tiene de vibrante o sugerente, sino también en su opacidad y su clausura,* a pesar de las noches sin luna y de las canciones sin guitarra que las acompañe.

Pero *esta capacidad de la vida para sorprendernos se extiende también a los logros,* a esos regalos positivos que se presentan como un torrente de presagios luminosos cuando no los esperamos. Ellos nos hacen señales que anticipan el alcance de algo deseado, la aparición de lo que tanto tiempo quisimos en secreto… Una especie de aurora imprevista y, tal vez por ello, plena de una inagotable esperanza.

En la emergencia de estos hechos o circunstancias está, germinada, la semilla de lo que parecía imposible. Aquel encuentro que nunca creímos que se daría; el logro profesional que nos parecía inalcanzable; la mano del enemigo convertida en mano amiga… En esos casos, podemos achacar al azar lo ocurrido y seguir adelante confiados en nuestra buena suerte. Pero también podemos sentir que *lo que se nos regala nos compromete*, que con esa cuota de felicidad adquirimos la responsabilidad de compartirla, de iluminar con nuestra alegría los espacios próximos y los lejanos, las grandes historias y las pequeñas, los días de sol y los de tormenta...

Algunas veces, este regalo es gratuito. Pero, en la mayoría de las ocasiones, suele llegar cuando hemos perdido el miedo a perder y nos hemos embarcado en una aventura que no tenía el final escrito de antemano. En esos casos, descubrimos la sabiduría de una reflexión de Séneca que a muchos nos sirve de compañía: *no es porque las cosas son difíciles por lo que no nos atrevemos. Es porque no nos atrevemos por lo que son difíciles.*

Y nos atrevemos a perder, recordando que las grandes victorias comenzaron casi siempre por una derrota. Y restauramos el valor de la palabra, imaginamos nuevos caminos... Todo para intuir que *lo improbable se abre paso cuando decidimos imaginarlo y construirlo saltando sobre la tristeza o la falta de estímulos,* cuando amamos tanto la luz esplendorosa del sol como la tibia iluminación de una noche de luna.

Comprendemos así que el arte del buen vivir nace de un *estar abiertos*, de la apertura a la posibilidad de que lo que anhelamos y lo impensable se encuentren en algún punto intermedio del tiempo. De ese modo vamos aprendiendo a estar preparados, a confiar aguardando buenas noticias, a tener sueños grandes y pequeños caminando hacia ellos sin esperar a que nos visiten.

Cuentan la historia de un viejo maestro que preguntó a su discípulo: «¿Cuándo piensas realizar tu sueño?». Al parecer, el discípulo le respondió que lo haría cuando se presentase una buena ocasión para ello. A lo que el maestro sentenció: *la oportunidad nunca llega; la oportunidad está aquí.*

Porque las oportunidades son como los sonidos: están por todas partes, pero el ruido de la vida diaria nos impide reconocerlos. Sin embargo, un oído acostumbrado a escuchar puede identificar el canto de un pájaro en medio de una calle bulliciosa, o puede deleitarse con la risa de un niño que pasa a su lado. Todo consiste en *estar despiertos, vivir atentos* a una realidad en la que sonidos y oportunidades son más numerosos de lo que pensamos.

Nosotros, las gentes de aquí y de allá, representamos la esperanza. De nosotros depende que la vida amanezca cada día como un destino inevitable o como una aventura de verdadero éxito vital: abierta, creativa…, en la que seamos partícipes y no meros sujetos pasivos. Nuestra biografía no está escrita ni se escribirá por las veces que hemos fracasado, sino por los aprendizajes y la confianza que hayamos desarrollado para cumplir nuestro propósito en la vida.

También por el esfuerzo y la disciplina. La confianza, como el amor, son condiciones necesarias para salir adelante, pero se enriquecen y multiplican cuando ponemos nuestro empeño y nuestro trabajo en el camino de lo que queremos conseguir. Como afirmaba nuestro Francisco de Rojas: *jamás el esfuerzo desayuda a la fortuna.*

El buen vivir se escribe en medio de estas circunstancias, de lo que nos sorprende como un vendaval que amenaza con arrasar nuestras vidas y del acontecimiento saludable y venturoso con el que nos sentimos bendecidos. En ambos casos, siempre hay un momento en el que recorremos el camino descalzos, de dolor o de euforia… Un instante en el que es preciso confiar en lo improbable…, ese trozo de infinito que amamos antes y después no solo por lo que promete, sino por la fuerza íntima y profunda con la que nos acompaña, para acogerlo como un presagio o como un misterio, pero, en todo caso, como parte del hecho de estar vivos.

5. Aprender a vivir en el silencio y la soledad

Quien no sabe vivir consigo mismo
¿cómo podría saber vivir con otro?
Quien no sabe habitar su propia soledad
¿cómo podría pasar por la de los demás?

ANDRÉ COMTE-SPONVILLE

El viaje interior, esa conversación esencial con nosotros mismos, es la forma más genuina de autoconocimiento, en la que se manifiesta nuestra desnudez ante la vida.

Dejar que hable el silencio es abrirse al misterio. Sin embargo, tememos esa apertura porque nos compromete, nos revela la vida tal cual es, desde la soledad última de cada ser humano.

Únicamente aprendiendo a estar solos aprendemos a estar bien con los otros.

El amor y la amistad se llevan bien con la soledad, son experiencias de dos soledades que se miran, se complementan y se abren la una a la otra.

A casi todas las personas les gusta viajar. Cuanto más lejos, mejor. Algunas, además, hacen deportes de riesgo. E incluso los más ricos y aventureros se apuntan a un viaje espacial. Sin embargo, son pocos los que se atreven con *el temblor de viajar hacia su propio silencio y dejar que este se exprese.*

Existe un silencio exterior y uno interior, ambos necesarios. Buscando el primero, ahuyentamos el bullicio que nos impide encontrar el punto de equilibrio en nuestras vidas y nos abrimos a un cierto orden del corazón y de la mente. En cuanto al silencio interior, se trata de un aquietamiento del espíritu que elude la palabra, no por innecesaria, sino porque da paso a *otra forma de comunicación en la que somos hablante e interlocutor.* En él emerge un cierto saber sobre nosotros que nos lleva a interpelarnos y a reconocer nuestro valor o nuestros miedos, la fragilidad o tozudez con que atrapamos la alegría de existir o el dolor de las pérdidas.

Esa conversación con uno mismo es *la forma más genuina de autoconocimiento, el momento esencial en el que se manifiesta nuestra desnudez ante la vida.* Podemos amarla por lo que tiene de revelador. Pero también podemos ignorarla, incluso sabotearla rodeándonos de ruidos exteriores, cuando no queremos ver al descubierto quienes somos por encima de quienes pretendemos ser.

A través de estos procesos de silenciamiento surge la posibilidad de eso que llamamos *la aventura interior,* una especie de
viaje a las raíces de nuestro ser y de nuestro comportamiento
que no siempre resulta fácil ni grato…, pero que, cuando nos
atrevemos a emprenderlo, se convierte en nuestra mayor fuente
de autoconocimiento, equilibrio y templanza ante la vida. Supone afrontar nuestros miedos, la desolación, el vacío…, pero
también hacernos conscientes de nuestras potencialidades y
talentos que aguardan agazapados el momento en el que les
hagamos sitio. En la entrevista que hice a un conocido psicó-
logo hablamos sobre este tema y él me comentaba que el viaje
interior no está de moda porque nos lleva a lugares desiertos,
de incertidumbre, y en su recorrido aparece casi siempre la
hoja en blanco. «Difícil aceptarlo –me decía– pero es el único
viaje auténtico».

En cualquier caso, le demos paso o no, nuestro silencio
existe, generalmente escondido tras las bambalinas de la obra
de teatro colectiva, y abrirse a él es una experiencia vibrante
y lúcida: de pronto aparecen sin envoltorio todos los secretos
de nuestra vida, los minúsculos y los grandes, incluso aquellos
que siempre quisimos olvidar por incómodos.

Una idea o un sentimiento, cuando se manifiestan en silencio, lo hacen *mirando de frente al alma, no de espaldas a
ella.* Humanizan nuestra vida, conectan nuestros actos con su
sentido más profundo. Y nos ayudan a descubrir las razones
del corazón, a plantearnos las preguntas y respuestas que solo
nosotros nos podemos hacer. Entonces comenzamos a descifrar

esos espacios recónditos poblados por la alegría y la ausencia, el amor y el desamor, el goce y la pérdida...

Dejar que hable el silencio es abrirse al misterio. Esa apertura nos muestra las claves de nuestra forma de vivir. También las de convivir con los otros. Es la ocasión para que nos abracemos a nuestra biografía con la complicidad con que se asume lo irrenunciable y, a la vez, dejemos que se exprese el encuentro cordial con el entorno. No solo para contemplarlo, sino para hacernos parte de él.

Tememos el silencio porque nos compromete, porque contiene las verdades desnudas. Sin embargo, cuando hemos logrado aprender a amarlo, descubrimos que alberga también las alegrías y goces más íntimos y nuestros. Por eso se habla de *escuchar el silencio.* Porque, en esa actitud, que no se alimenta de palabras ni de cantos, una inocencia vuelve a visitarnos cada vez que, solos o acompañados, nos abandonamos al no decir, que suele acompasarse con el no hacer, rompiendo el vértigo diario y sus ruidos.

Unos colegas míos, profesores de universidad, en un viaje a América Latina se encontraron con un pescador sentado frente al mar con el que entablaron conversación. Hablando con él se quedaron asombrados de su sabiduría, de la capacidad que tenía de conocer los secretos de la vida y saber expresarlos. Entonces se atrevieron a preguntarle dónde había aprendido todo ese saber. Y el pescador les respondió: *Aquí tengo mucho tiempo y silencio para pensar. Eso es todo.*

En el silencio de la contemplación de un paisaje, en una

meditación, se acallan los deseos, las rencillas y las ansias…
Nuestra respiración se va acompasando de forma impercepti-
ble para dejar que emerja un aliento íntimo y sereno que nos
conecta con la unidad de todo lo existente. Así se nos revela
la transparencia de la vida que late en nosotros y, de pronto,
comenzamos a captar una realidad inabarcable por la razón,
íntima, secreta, que nos abre a la aceptación de la vida tal cual
es, vibrante y lejana, escurridiza y próxima, poética y prosaica
al mismo tiempo.

Para experimentar todo esto en plenitud necesitamos espacios de soledad, de esa *última soledad del ser* a la que aludía
el franciscano medieval Duns Scoto (1266-1308). Algo que
no supone aislamiento. Quiere decir, simplemente, que *nadie
puede vivir por nosotros*, que *el sentido de nuestra vida es
intransferible a otra vida…* Significa que no existe ni existirá
nunca alguien que sea idéntico a mí o intercambiable conmigo; y que nuestro encuentro con ese ser que somos se produce
precisamente en la soledad.

Podemos disfrutar de una *soledad elegida* (incluso, a veces,
conquistada) que no significa incomunicación o ensimisma-
miento, sino cuidado de nuestro mundo interior y de nuestra
libertad. Su justa medida se manifiesta de forma diferente
en cada situación. Hay momentos en los que necesitamos el
abrazo o la palabra del otro. En otras ocasiones, sin embargo,
el silencio y la soledad son las vías para acallar la mente, restaurar un momento gozoso, cubrir con templanza la amenaza
de cualquier desmoronamiento…

Pero hay otra *soledad sobrevenida* que, generalmente, es difícil de aceptar. Es la que llega con la pérdida de un ser querido, con la marcha del amante o el amigo, el abandono de un proyecto vital para nosotros... Lo característico de esa soledad es la ausencia. Una parte nuestra, la que estaba íntimamente ligada al otro, se queda de pronto vacía. En ella se abre un hueco que nada ni nadie pueden llenar.

Aprender a vivir con esta soledad sin dejar que se convierta en amargura lleva tiempo y esfuerzo. No se trata de rechazarla, sino de reconocerla como parte constitutiva de nuestra historia, de lo que el otro o la otra nos han ayudado a ser. Ese espacio vacío no se puede compartir, solo llevar con dignidad. Y, con el tiempo, tal vez un día descubramos que en nuestro dañado corazón sigue habiendo lugares en los que caben la alegría y la sonrisa. Así emerge la fuerza de la vida. Abrirse a ella es trascender la experiencia de estar solos.

En ambos casos, tanto si lo elegimos como si nos llega de improviso, *el viaje a la soledad puede ser amado o temido, celebrado o lleno de lamentos, pero siempre resulta imprescindible*. En algún momento de nuestra vida aparece como un ritual de crecimiento, una vía para comprender la existencia, que ya nunca nos abandona. Podemos afrontarlo de distintas maneras: cultivándolo en su justa medida, haciéndonos unos solitarios antisociales, o evitándolo a base de ruido exterior. La decisión que adoptemos en este sentido marcará de lleno nuestra existencia.

Algunos encuentran el camino medio y nos enseñan a

transitar por él felizmente. Son aquellos que comprenden que *únicamente aprendiendo a estar solos es posible aprender a estar bien con los otros.* Ellos nos muestran que una cierta cuota de soledad en nuestras vidas no significa abandono ni huida, sino más bien una forma de caminar por la existencia compartiendo este trozo de universo sin perder por ello nuestra singularidad y nuestra propia luz, que son, al fin, las señas de identidad de cada ser humano.

En mi entrevista a Pepa Carrillo, presidenta de la Fundación Valores, ella me recordaba que *el silencio y la soledad nos permiten aportar consciencia a los procesos que vivimos,* tanto si se trata de disfrutar como de llorar. *El buen vivir consiste en «darse cuenta»,* me decía Pepa. La tremenda y hermosa soledad del ser humano es la gran ocasión para darse cuenta de que *la felicidad es una opción: podemos elegir ser felices,* aligerar nuestra vida de recuerdos negativos y afrontarla cada día con apertura y talante positivo.

Una soledad fecunda, plena, asumida, es entonces la mejor vía para avanzar plenamente hacia el encuentro con el otro. El filósofo André Comte-Sponville define el amor *no como lo contrario a la soledad, sino como la soledad compartida, habitada, iluminada –y a veces ensombrecida– por la soledad del otro.* Y el gran poeta Rilke, que tanto profundizó en estos temas, habla del amor refiriéndose a *dos soledades que se protegen, se completan, se limitan y se inclinan la una hacia la otra.*

En ese inclinarse hacia el otro tenemos en nuestra civilización un hermoso gesto que hacemos a diario cuando conocemos o encontramos a alguien: estrechar la mano a él o ella. Lo hacemos sin saber su significado, poco conscientes del modo en que, al parecer, se fue imponiendo culturalmente como una forma de confirmar a nuestro interlocutor que no llevábamos armas. Ir con las manos vacías suponía ir en son de paz, darse mutuamente la paz diciendo en silencio: «desde mi soledad, abordo tu soledad sin violencia».

Toda obra de creación, grande o pequeña, requiere espacios de soledad. Los artistas lo saben muy bien. Es el precio gozoso que pagan por la experiencia de crear. Una práctica inenarrable, única, que no puede ser compartida más que por momentos, porque necesita nutrirse de la intemperie espiritual, bucear en el misterio, explorar lo inédito…, para al fin revelarse en la obra de arte como un secreto que habitaba en nuestro interior, pero que nosotros ignorábamos. Así es la aventura creativa, una mezcla de locura y cordura, de intención y abandono, que se manifiesta cuando el artista, en su soledad, se abre a lo incierto y deja que germinen preguntas y respuestas que nunca se había hecho antes.

La gran filósofa y escritora María Zambrano supo conciliar poesía y pensamiento en lo que ella denominó *la razón poética.* Desde esa razón, afirma que *escribir es defender la soledad.* Y, como buena conocedora de la experiencia creativa, continúa diciendo que *el escritor defiende su soledad mostrando lo que en ella y únicamente en ella encuentra.*

Crear algo inédito, como quien descubre un secreto, y comunicarlo son dos de los acicates que mueven a quien escribe.

En esa tensión creativa, el necesario silencio inicial es la apertura a una revelación que resulta siempre nueva incluso para el propio escritor. Una experiencia que ha de vivirse en soledad. Sin embargo, la gran paradoja es que esa soledad es solo un estadio, una etapa, en el camino de comunicar lo desvelado, incluso en el ansia de hacerlo, de compartir el secreto como una forma de salir fuera de sí, de hacer de todos esa verdad, provisional y precaria, que se acaba de encontrar…, y mostrarla a los demás para que contribuyan a desentrañar su sentido.

Así se entiende *el vínculo profundo entre soledad y comunicación, la necesaria complementariedad del silencio y la palabra.* Llegar a construir este diálogo de contrarios lleva toda una vida. En el libro *El arte de callar,* escrito en 1771 por el abate Dinouart, se nos recuerda que *no se puede hablar de las tinieblas sin conocimiento de la luz, ni del reposo sin relación con el movimiento.* Así también es preciso haber sufrido para sentir o expresar en plenitud un momento de felicidad, como lo es haber estado a la intemperie para entender la fragilidad del otro que tiene frío… La soledad no escapa a esta regla: es la condición indispensable para llegar a la comunicación sabiendo quienes somos y dejando que se dilaten los instantes de cualquier encuentro con otra alma amiga.

Las huellas dactilares de nuestro silencio y nuestra soledad son, de este modo, las señas peculiares que imprimimos a todo lo que hacemos, sea grande o minúsculo, público o privado. Es como si con los dedos del alma fuésemos grabando a fuego las palabras y silencios que harán de nuestra vida algo cambiante.

Están ahí para recordar y recordarnos ese primer lenguaje sagrado de la comunicación con uno mismo como requisito esencial para el encuentro con el mundo. Son un saber a qué atenerse, las señales de una convicción o una renuncia, de nuestro afán por descubrir y nuestra ignorancia..., del acogimiento o desvalimiento, al fin, con el que afrontamos la aventura de existir.

Conviene amar el silencio y hacerle sitio a la soledad. *Del mismo modo que no puede escribirse una partitura musical sin silencios, así también la partitura de nuestra vida los necesita y se enriquece con ellos. La soledad es su cómplice, su compañera necesaria.* Ella nos enseña a huir del falso engaño de que estar acompañado significa siempre no estar solo. Todos hemos experimentado alguna vez que se puede estar solo en medio de una multitud. Y sabemos también que los espacios de soledad pueden ser una losa o una conquista, y no siempre cabe elegir. Pero sí es posible dotarlos de sentido, aprovechar cualquier soledad para hacer algo creativo y lúcido, transformando las horas en ocasiones para aprender y descubrir algo nuevo (que a veces es nuestro inestable corazón...), o limitarnos a contemplar el entorno y disfrutarlo, a escuchar la música de los árboles o asistir asombrados a un amanecer. No como una situación vital de la que es preciso huir, sino, al contrario, como un regalo de los dioses...

El amor y la amistad se llevan bien con el silencio y la soledad. No nos hacen escapar del contacto con el ser querido, lo dotan de sentido. Porque, cuando dos personas se encuentran, por mucho que se amen, cada una vive ese momento de forma distinta, es decir, al fin y al cabo sola. Esa imposibilidad vital de experimentar totalmente lo que el otro siente o piensa es, no obstante, un estímulo para el irrenunciable afán de ambos por amarse y entenderse, por comunicarse incluso lo aparentemente incomunicable. La vida hace el resto: juega siempre a favor de quienes lo intentan…

Nuestro cuerpo y nuestro espíritu tiemblan en el silencio y la soledad, pero no pueden vivir sin ellos. Los rehúyen como si fuesen el anuncio de un desamparo, para finalmente amarlos con el reconocimiento de que *son el contrapunto necesario de la palabra y la compañía.* Vayamos a donde vayamos, ellos caminan con nosotros sin establecer una distancia infinita con el mundo sino la justa, la necesaria para que el ruido del entorno no nos ahogue. Nos ayudan a aligerar la vida de todo lo que pesa… Y son compatibles con la pasión, la risa y el llanto…, con la pulsión de comprender la desnudez del ser humano y, al tiempo, su potencia creadora. Amarlos sin titubeos puede ser una buena opción para el éxito vital. Nadie podrá tomarla por nosotros.

6. No armar un tango donde hay un bolero

Se había jurado no armar un tango donde había un bolero
y no volver prosa ni panfleto
lo que debía ser un poema.

ÁNGELES MASTRETTA

Una sonrisa es un gesto que envía señales al cuerpo, abre un camino hacia la paz y la alegría. No podemos hacerles un regalo a todas las personas que se asoman a nuestras vidas, pero sí podemos regalarles una sonrisa.

Cuando las cosas van mal, más que quejarnos de mala suerte podemos aceptar el sufrimiento como se acepta a un maestro. Cuando alguien nos ofende, el perdón es sanador. Dar la paz a los otros es también hacer las paces con nuestro corazón.

Somos polvo de estrellas en una casa común: la Tierra. Nuestro éxito como especie será dejar de declararle la guerra y aprender a vivir en paz con ella, transitando hacia otro tipo de sociedades que concilien nuestros deseos y necesidades con los límites del planeta.

Decía nuestro clásico Lope de Vega que *a nadie se le dio veneno en risa*. Con ello aludía a la bondad del sentido del humor para construir una vida feliz, para transitar incluso desde el dolor y el sufrimiento hacia una sonrisa sanadora. Ya que, siendo la vida un proyecto inacabado y a veces extraño hasta para nosotros mismos, una buena medida para el éxito vital es recorrer ese camino con dos claves: amor y humor, que vienen a ser dos caras de una misma moneda.

Y no estoy hablando ni del amor fácil de las novelas románticas ni de un humor que consista en reír por todo. La cuestión es que cada historia personal está construida con disfrute y sufrimiento, y lo importante no es saber si es bella o trágica (porque es ambas cosas a la vez) sino *si sabemos afrontarla tal como llega en cada momento, sin perder la paz interior, la dignidad y el buen ánimo*.

Tanto el tango como el bolero aluden generalmente a una pérdida, son metáforas de una despedida. Su diferencia radica en el modo de abordarla: en el tango, de forma desgarrada; en el bolero, con melancolía, con una forma de vivir la añoranza amorosa que no llega a desestabilizar al que la experimenta. Por eso es tan fácil transitar del bolero al chachachá, como lo hacen frecuentemente los músicos, iniciando así un ritmo festivo que es el presagio de una nueva alegría.

¡Cuántas veces armamos un tango donde hay un bolero…! En cuántas ocasiones nos asalta el vértigo de un rompimiento por cosas que podrían resolverse simplemente perdonando o dejando que pase el tiempo, el gran curador de heridas. Desde luego, llorar es humano, no se trata de ocultar nuestro sufrimiento, al que tanto bien le hace saberse compartido. Pero hacer del llanto un mar o inundarlo con la ira es persistir en una actitud que acaba deteriorándolo todo, al que llora y a quienes lo rodean.

Ante una pérdida o un conflicto doloroso, un estado de buen ánimo no se improvisa, no fluye espontáneamente, y no se trata de fingir lo que no tenemos. Pero, pasado el primer momento de dolor, podemos hacer la prueba de tratar de sonreír. *Una sonrisa es un gesto que envía señales al resto del cuerpo*; puede convertirse, poco a poco, en una humilde fuente de nuestra recuperación, en el camino hacia la paz y la alegría. Una alegría que a veces nos viene dada y que, en otras ocasiones, es preciso construir a diario, a despecho de cualquier desesperanza.

La vida es derrochadora. En la naturaleza se produce mucho polen para que solo alguno sea transportado por el viento o los pequeños insectos y aves al lugar preciso en el que polinizar a una planta que lo espera. El resto aparentemente se pierde. Así ocurre con nuestras cualidades esenciales, entre ellas las de escuchar y sonreír… Necesitamos derrochar escuchas, esparcir sonrisas en cualquier ocasión, para que algo de todo eso fructifique. En primer lugar, en nuestro corazón, que se va labrando como una tierra fértil con los surcos de nuestros gestos diarios. En segundo lugar, en el entorno que nos rodea. *No podemos hacerles un regalo a todas las personas que se asoman a nuestra existencia, pero sí podemos regalarles una sonrisa.*

El cumplimiento de la promesa que esconde la sonrisa alimenta la alegría interior. Un don que es preciso cultivar, incluso defender, cuando nuestra existencia está amenazada por la aridez de un mundo injusto. *Si nos secuestran la alegría, nos han secuestrado el alma.* Y, en ocasiones, todo conspira para ello: las condiciones económicas y sociales; los problemas afectivos; la vida laboral y familiar... La tentación, entonces, es cantar un tango, quejándonos amargamente de nuestra suerte. Sin embargo, podemos entonar un bolero, algo que combina muy bien la cadencia melancólica con un ritmo acompasado a nuestro propio ritmo vital. Porque el secreto no está en rehuir el sufrimiento cuando llega, sino en aceptarlo como se acepta a un maestro.

Un viejo refrán nos advierte que *la campana que canta ha pasado por el fuego,* aludiendo al papel purificador de las situaciones dolorosas, al modo en que nos preparan para ese tránsito difícil y necesario que conduce del sufrimiento a la paz interior y a los sueños.

Decía Krishnamurti que *si podemos entender un problema en su complejidad, ya tendremos en ese mismo acto la respuesta*, porque la respuesta no está separada del problema. Sin embargo, nuestra actitud no es, generalmente, de búsqueda de comprensión de lo que ocurre, sino de lamento. Nos entregamos tanto al ejercicio de afligirnos que dejamos poco espacio para la construcción de la respuesta. Este no es, evidentemente, un buen modo de aproximarse a la serenidad.

El éxito vital, profundo, nace cuando construimos nuestra paz interior practicando la sencilla experiencia de *ser felices gracias o pese a lo que nos ocurre*. La felicidad casi nunca es un regalo. Más bien se parece mucho a una exploración que se inicia con una primera sonrisa y termina por asomarse al camino que va más allá del sufrimiento, de la desilusión, de la pérdida. Aprendemos a sonreír practicando la paz en lugar de la cólera, el perdón en vez del odio, la escucha a cambio del discurso contundente…

Nuestro monólogo interior tiene resonancia en lo que somos y también nos prepara para la relación con los demás. Cuando conseguimos neutralizar el rencor o la interpretación negativa de un problema, no solo nos estamos curando a nosotros mismos sino que estamos abriendo la intuición, la conciencia y la palabra para el encuentro sanador con los otros. Si dejamos en la trastienda los recuerdos y experiencias negativos y, en su lugar, elegimos pensamientos y situaciones que traen bienestar a nuestras vidas, todo comienza a hacerse más diáfano y la palabra de los demás se abraza con la nuestra.

Cada vez que reestrenamos esta forma de abordar los episodios negativos, el pensamiento avanza del rencor al perdón, del silencio a la palabra, y se aquietan los pesares y los malos presagios. Un pequeño secreto para caminar en esta dirección es *aprender a «soltar»*, a dejar algo, a renunciar a alguna de las cosas que está en juego en los conflictos, perdonando de forma incondicional no solo a los demás, sino también a nosotros mismos, a nuestra propia conciencia que a veces se enferma de ira, de dominio o de incomprensión.

En el momento en el que surge un problema, si fuésemos valientes, nos haríamos la pregunta: ¿qué parte de responsabilidad tengo yo, como miembro de esta relación humana, en el daño que me ha hecho tal persona? Entonces, es posible que descubriésemos que el pasado es una colección de hechos no siempre bien entendidos, que el color de las relaciones no es el mismo para cada individuo, y que abrir sin prejuicios las puertas de nuestra percepción nos acerca a una visión nueva de las cosas en la que perdonar significa también perdonarnos.

El perdón libera, es sanador, hace la vida más llevadera. Es un regalo que hacemos a los demás y, al tiempo, a nosotros mismos. Pero no es una anécdota, algo circunstancial, sino un estilo de vida que tiene la virtud de irradiar bienestar hacia el mundo, de hacerlo un poco mejor. Y funciona como un gran espejo que refleja en nosotros ese bienestar y nos alimenta. *Dar paz es también hacer las paces con nuestro corazón.* Todo forma parte de la misma trama vital.

De ahí a la serenidad interior hay un paso. El paso que nos libera de ser prisioneros de nuestros rencores y nos permite vislumbrar un mundo de luz en el que *nuestra alegría se hace parte de la alegría del mundo.* Un mundo que sana cada vez que nosotros sanamos, que ríe en nuestra risa, que baila cuando iniciamos sin prisa un bolero.

Un mundo que nos hemos empeñado en destruir, olvidando que *somos polvo de estrellas en una casa común que es verde y azul*. Verde por todas las plantas que inician el milagro de captar el sol y crear materia orgánica. Azul por el agua, fuente de vida. En medio de ese envoltorio, unos pequeños seres con conciencia nos atrevemos a imaginar, a soñar, a celebrar... No hay mayor aventura para nuestra especie. Sin embargo, *estamos destruyendo y contaminando sin sentido lo que palpita en la naturaleza: bosques, mares, el aire que respiramos...* Hemos confundido la idea de usufructo con la de dominación; se nos ha olvidado la reciprocidad, el agradecimiento, el respeto hacia unos bienes que no nos pertenecen, que tenemos como un legado de las generaciones pasadas y debemos traspasar en las mejores condiciones a nuestros hijos.

Este es otro de los conflictos sin resolver que nos plantea, individualmente y como especie, *la pregunta primordial de cuál es nuestro papel en este planeta*. Porque todos llevamos dentro un timonel pero también un náufrago, y, dependiendo de cuál de ellos guíe nuestra nave, podremos navegar por aguas procelosas sin deterioro, o podremos hundirnos. Las alertas sobre nuestra grave situación ambiental ya están por todos los lugares: *somos una especie peculiar que destruye su propio hábitat olvidando las reglas más elementales del cuidado*. Pese a ello, la alarma ha dejado de asustarnos porque vivimos rodeados de alarmas. Pero lo cierto es que, al hacer oídos sordos a las advertencias de científicos y ecologistas sobre el deterioro de la Tierra, nos convertimos en una humanidad ciega que camina hacia su autodestrucción.

Sin embargo, la cuestión central de este conflicto es que, *o alcanzamos el éxito de vivir en paz con el planeta, o nuestras vidas dejarán de tener sentido.* No es posible conciliar un éxito vital profundo con el desastre de un mundo que lo va convirtiendo todo en mercancía: los alimentos, el trabajo, incluso la vida de las gentes... Estamos en un momento de encrucijada; necesitamos transitar hacia otras formas de vida más sencillas y equitativas, en un planeta con recursos limitados que, además, están muy mal repartidos. *¿Nos ganaremos a pulso, como especie, el derecho a la alegría y la sonrisa?* Mejor no mirar para otro lado y dejar que esa pregunta se nos encarne, inunde la geografía de nuestra alma individual y colectiva.

A veces creemos que podemos hacer poco y que, en nuestra pequeñez, nada cambiará si nosotros cambiamos nuestros hábitos a la hora de usar el agua y la energía, de consumir alimentos, de viajar... En esos casos, no estamos valorando bien nuestra posible influencia positiva sobre el problema. Y generalmente no llegamos a apreciar el trabajo callado que hacen científicos, educadores y ecologistas para que la situación no se deteriore aún más. Como señala Federico Mayor Zaragoza, cuando un conflicto no estalla, nadie viene a felicitar a quienes lo han impedido. Se condecora a los generales que ganan una guerra, pero no a los que evitan las grandes guerras.

Hacer las paces con la Tierra exige hacerlas también entre nosotros, tanto a escala individual como colectiva. La paz para no armar un tango, para no desatar una situación de violencia, para evitar una disputa... La paz como un derecho de los pueblos, el único camino en el que podemos hacer verdadera la palabra «humanidad» en toda su riqueza. Sin olvidar que esa humanidad tiene un albergue, el planeta que la acoge, sin el cual toda vida sería pura ilusión.

El pensador francés Edgar Morin nos recuerda que, para hacer la paz con la naturaleza, es preciso *aprender de nuevo la finitud terrena y renunciar al falso infinito de la omnipotencia técnica.* Y propone que tomemos la Tierra como matria y patria, que ese sea nuestro arraigo en el cosmos: saber que el pequeño planeta perdido es algo más que un lugar común a todos los seres humanos. Entenderlo como una comunidad de destino que nos une con el resto de la humanidad no para dominar la Tierra sino para cuidarla, habitarla, acondicionarla y cultivarla…

El profesor Morin insiste en que *nuestro papel no es el de convertirnos en pilotos, sino en copilotos del planeta.* Ello significa aprender a evolucionar al unísono con él, adaptando nuestros impactos a los ritmos de renovación y regeneración de la biosfera. Este es el reto que actualmente tenemos como especie, una tarea inmensa e imprescindible que hemos de abordar con decisión y conciencia de los riesgos. El poeta Hölderlin anunciaba esperanzado, en su momento, que *allí donde crece el peligro crece lo que salva.* El peligro ha crecido enormemente, se asoma ya al comedor de nuestras casas. Tal vez estemos en el instante histórico de comenzar a salvarnos a nosotros mismos y a las generaciones venideras. Con ardiente paciencia, pero con urgente esperanza. Y sonriendo, pese a las dificultades…

El reto es tan grande como ineludible: un cambio en las formas de gestionar y distribuir los recursos de la tierra. Plantea *una transición hacia sociedades sostenibles que, para producirse, exige transformaciones importantes en nuestras formas de vida.* No para vivir peor, sino para vivir mejor con menos, aprendiendo a utilizar de otro modo el agua y la energía, los alimentos, la riqueza de los mares y los ríos… Este cambio solo será posible si cada uno de nosotros lo va modelando poco a poco en su corazón, si aprendemos a relacionarnos cordialmente con los vecinos próximos, con las gentes que forman parte de nuestro entorno. Si comprendemos que el bienestar material y espiritual es tarea de todos.

Ante el conflicto que tenemos al haberle declarado la guerra a la naturaleza, nos queda todavía el abrigo de la lucidez, la conciliación de nuestros deseos con los límites del planeta, la urgencia de un trato de respeto hacia cuanto hemos asediado: el agua limpia de ríos y mares, la transparencia del aire, el valor de los bosques, la tierra generosa que nos provee de alimento… Todo para rescatar el abrazo con lo que nos sostiene; para recordar que nosotros también somos naturaleza, paisaje, agua, energía… Todo para convertir, al fin, la cadencia de un canto triste y lleno de lamentos en la alegría de vivir bendecidos por la luz.

La tarea es inmensa pero ilusionante. Está en nuestras manos reconvertir esta inmensa destrucción. Mario Benedetti nos recordaba que *todos tenemos una antorcha propia* con la que alumbramos el mundo. Pero la antorcha tiene un enemigo, nos decía el poeta, y es la lluvia que cae. Así que lo más oportuno será alimentar nuestra antorcha con nuevo fuego cada día…, fuego nuestro y ajeno, una llama que sustente esa luz con la que iluminamos nuestras desesperanzas para hacer de ellas un camino con horizonte.

Esta puede ser una forma nada desdeñable de lucidez individual y colectiva. Nos abre a la aventura de un éxito vital que consiste en *comprender que la naturaleza (y nuestra naturaleza humana) esconde siempre el secreto de una entrega y, a su vez, nos interpela con una pregunta: quiénes somos en este minúsculo espacio del Cosmos que nos acoge.* La respuesta puede ser que somos gentes que han aprendido a no crear dolor ni destrucción, que tratan de convertir los conflictos en oportunidades pacíficas. Gentes que, como los afluentes de los ríos, enriquecen y renuevan la vivacidad de lo que fluye. No solo para regar sus orillas, sino también para restaurar la memoria feliz de lo que nace y renace, agradeciendo los otoños y las primaveras, recordando el placer de respirar, de comer, de amar y sonreír… Para ver en la vida y en los otros, también, polvo de estrellas. Para no armar un tango donde se nos ha regalado un inmenso y cadencioso bolero.

7. Establecer las prioridades de la mano de los sueños

El arte de caminar, a grandes zancadas
o a pequeños pasos,
solo tiene sentido si la dirección de la marcha
no es algo que se sufre, sino que se elige.

MIREILLE DELMAS-MARTY

Todo ser humano puede ser, si se lo propone, escultor de su propia historia. Lo esencial es establecer, con lucidez y atención, las prioridades, desde la fidelidad a nuestro proyecto de vida.

Amamos nuestras prioridades y las defendemos no solo por su belleza y su luz sino por sus sombras y dificultades. En medio de ellas, la sencillez de lo que somos y lo que tenemos abre un camino liviano hacia el éxito vital.

Aprender a desear es establecer límites a nuestros deseos. Tan importante como los proyectos y los sueños es el modo en que vamos dándoles forma, la persona en que nos convertimos para alcanzarlos y el precio que pagamos o hacemos pagar a otros por ellos.

En el año 2013, un semanario español entrevistó a la pareja de famosos formada por Andre Agassi y Steffi Graf, dos genios del tenis. Ambos fueron los reyes de la pista, los números uno. Ahora viven en Las Vegas con sus hijos y se ocupan, entre otras cosas, de dos fundaciones volcadas en la educación y la ayuda a los menores necesitados. En un momento de la entrevista, el periodista les pregunta cuál es la gran lección que han aprendido en la vida y ellos responden: «entender que la distancia que separa el éxito del fracaso es muy pequeña. Así que lo único que importa realmente es cómo decides vivir».

Más adelante, el entrevistador se interesa por saber cuál es su idea del éxito. Ellos contestan: «el compromiso con tu vida, eso es el éxito. Preocuparte por lo que haces, estar orgulloso de tu día a día. El fracaso y el éxito son una ilusión: lo único real es cómo decidimos vivir».

¿Decidimos, realmente, cómo queremos vivir? ¿Hacemos de nuestras vidas pequeñas obras de arte en las que se combinan el esfuerzo por alcanzar nuestros sueños y la aceptación de lo que la vida nos trae? El éxito vital, ese que se concilia con el buen vivir, es más sencillo de lo que pensamos. Comienza a hecerse presente cuando, con atención y lucidez, establecemos de forma clara las prioridades de nuestra historia

personal. Sabiendo que ese acuerdo con nosotros mismos es provisional y revisable, pero afrontándolo como una guía que puede acercarnos, en cada momento, a una existencia coherente con nuestro sentido de la vida.

La claridad de los objetivos es como una llama que va quemándose a sí misma a medida que nos ilumina: está amenazada por el paso de los días, por el aire y el ambiente en el que se desenvuelve... Y con esos materiales, dejando que el vaivén del viento remueva lo que creíamos seguro, vamos construyendo, paso a paso, *el gran aposento de nuestras prioridades, que es tanto como decir el íntimo lugar de las escuchas.*

Porque, *para esbozar y mantener las prioridades, es fundamental escuchar y escucharnos.* Una actitud de escucha permanente hacia fuera nos informa sobre los efectos de nuestras acciones, sobre esos pequeños forcejeos que mantenemos a diario con la realidad para intentar que se parezca a nuestros ideales. La escucha hacia dentro, no menos importante, permite que se pronuncie nuestro interior para anunciar o recordar lo que entendemos por éxito en nuestro día a día. Y así, de la mano de nuestras prioridades, escuchadas y renovadas, vamos avanzando poco a poco en un ejercicio que no se planifica como una obra de ingeniería, sino que más bien se intuye y pasa rozando como si lo gestionase un constructor de nubes...

Prioridades y escucha se convierten entonces en dos motores indispensables para saber y evaluar si caminamos como hemos elegido vivir. Necesitan una gran dosis de fidelidad a nuestro proyecto personal, conjuntada con honestidad para no traicionar los valores que nos iluminan. Plantean un recorrido en el que cada día hemos de reinventar el origen empinados sobre nuestra experiencia, pero también sobre *el asombro que reniega de la rutina, que nos enseña a redescubrir el mundo.* Junto a ellos, o iluminándolos, aparecen *los sueños, siempre los sueños como antesala de la blancura de una vida luminosa.* Unos sueños que nos hacen creativos, que nos permiten imaginar mundos posibles, sin que soñar signifique perder la conciencia de la realidad, sino más bien abrirse a ella temblando a veces, sonriendo otras, con pasos grandes o pequeños, pero siempre con la pasión que requiere toda aventura personal.

El brasileño Frei Betto acuñó una expresión que resume este difícil maridaje entre los ideales y la vida real: *la cabeza piensa desde donde pisan los pies.* Con esta idea nos quería hacer ver que nuestras ideas e ilusiones deben encarnarse en el mundo, que no vale soñar para evadirse, sino para afrontar la vida como algo real y limitado, para manchar nuestras pisadas con el barro y construir desde ahí la propia existencia como un sistema de esperanzas. También nos alertaba Frei Betto acerca de que el lugar y las formas en que vivimos terminan por condicionar nuestros sueños, de modo que *si no vivimos como nos soñamos, terminaremos soñándonos como vivimos.*

El arte de vivir se constituye así en la vía para conciliar nuestro temor de ser humanos con el deslumbramiento de ser humanos, *amar nuestras prioridades y defenderlas no solo porque nos definen en la vida y para nosotros representan la belleza, sino también por su fragilidad, por su parte de som-*

bras o de dificultad. Y comprometernos con ellas, bajar al territorio de lo real en ese viaje no siempre fácil, pero revelador, en el que, vayamos a donde vayamos, siempre acabamos llegando al fondo de nosotros mismos. Todo para alcanzar la evidencia de que, en cada ocasión concreta, somos el lazo que tejemos, el abrazo que construimos con los otros, la palabra que pronunciamos aun a contracorriente...

Federico Mayor Zaragoza me contaba en su entrevista la anécdota de John Lennon cuando era niño. Le preguntaron en la escuela qué quería ser de mayor y él respondió: «ser feliz». Los profesores le dijeron, sorprendidos, que no había entendido la pregunta. A lo que él les contestó: «son ustedes los que no han comprendido la vida». Pasados los años, los Beatles cantarían en una de sus canciones: «todo lo que necesitas es amor...»

La prioridad esencial es, en efecto, aprender a amar y a ser amados. Parece fácil, pero es una tarea que no termina nunca. El amor, sea de pareja, de amigos y familia, o incluso un amor extenso hacia la humanidad, hace posibles pequeñas eternidades que parece que hubiesen estado siempre en nuestra historia. Se expresa en esos momentos en los que llevamos dentro un mundo y sentimos que alguien lo comparte con nosotros, sin preguntarnos quién llegó antes o quién entrega más, simplemente estando... *El amor es una incógnita, nos abre a lugares de nuestro propio interior desconocidos,* pero también es un mensaje, una llamada a la inocencia, al cultivo de la empatía, al sentimiento de que hay alguien que abriga nuestra desnudez ante el mundo.

Desde el amor es más fácil otra aventura necesaria en el establecimiento de nuestras prioridades: *la sencillez*, en lo que somos y en lo que tenemos. Porque la sociedad materialista en la que vivimos nos impulsa a ir por la vida atrapando reconocimientos y posesiones como una supuesta fórmula para garantizar nuestra seguridad. Lo peligroso de este entorno es que acabemos contagiados sin saber diferenciar que *una cosa es poseer, otra es atrapar, y una tercera es vivir atrapados por lo que tenemos.*

La sencillez no solo afecta a lo que somos y tenemos, sino también, de forma esencial, a la forma en que gestionamos esos bienes inmateriales y materiales a lo largo de nuestra pequeña historia. La experiencia de existir no deja de ser un milagro que se renueva cada día, y vivirlo con una cierta liviandad, sin querer encerrar el aire en una caja o el agua del río en un cubo, puede ser una forma inteligente de aproximarnos al éxito vital.

Una vida sencilla (que no simple...) es una vida abierta al horizonte. Esa apertura supone *no rehuir aquello que no conocemos o no hemos experimentado*; porque lo más cómodo es casi siempre recluirse en las grietas del lugar que nos acoge a diario y no aventurarse a descubrir el envés del paisaje, la otra cara de las cosas conocidas. Sin embargo, la clave estriba precisamente en *construir nuestro pequeño mundo de manera que en él quepan muchos mundos.* Solo así estaremos a salvo de cualquier atisbo de arrogancia o cerrazón; también de aburrimiento... *El secreto de la sencillez consiste en que cada persona y las de su entorno sean lo que son, se mezclen entre sí, intercambien los dones respectivos y convivan en armonía, sin clausuras.*

La vida es tan sencilla como nosotros la hagamos. Hay quien opta por irse a vivir a una casa sin agua o luz eléctrica, apartado del mundo, y es feliz así. Pero también hay personas que, en medio del bullicio y el triunfo social, saben encontrar el emplazamiento exacto de sus valores y mantienen esa naturalidad interior que hace que los reconozcamos como seres fieles a la medida humana y disfrutemos mirándolos a los ojos. Su actitud tiene mucho que ver con la forma de procesar los momentos de aparente éxito hacia fuera y los fracasos. El que logra pasar por ellos sin cambiar, sin alejarse de los amigos y los valores de siempre…, ese puede ser reconocido como alguien sencillo a pesar de que sea famoso o reciba títulos y premios.

La joven actriz de cine Amy Adams ha recibido cuatro nominaciones al Óscar y es uno de los rostros «más prometedores» de Hollywood. En una entrevista, cuando se le preguntaba cuál es el secreto para sobrevivir en un mundo tan artificioso, ella respondía: «Si tuviese que dar un consejo, diría que tienes que ser capaz de aceptar el rechazo, aprender de él y seguir adelante. Y tratar de que tu corazón no se agriete por el camino…».

Qué necesario ese tránsito por la vida integrando lo que nos sale bien y los proyectos fallidos, asumiendo la aceptación y las críticas, sin dejar que nuestro corazón se endurezca… El viaje hacia la sencillez es un viaje hacia la cordura, que nos ilumina en los momentos más necesarios, aquellos en los que nos miramos al espejo y nos reconocemos como simples seres humanos, *una pequeña fruslería en la aventura de la evolución,* según nos recordaba un famoso antropólogo, Stephen Jay Gould, en una de sus obras.

Cuando vamos *aprendiendo a vernos de este modo, como seres necesarios pero no imprescindibles*, comprendemos, poco a poco, que nuestra tarea en la vida es aportar con dedicación y honestidad aquello que sabemos hacer, para contribuir modestamente a que el mundo sea cada día un poco mejor (y aquí se incluye la alegría y la paz que podamos transmitir…) en *un difícil maridaje entre la responsabilidad y la convicción de que no somos irreemplazables.*

También es prudente, cómo no, unir a esta práctica un sano control sobre nuestros deseos. Por naturaleza, somos seres que desean… Comenzamos a ejercer esa pulsión desde niños. Queremos ver y tocar todo, reclamamos todo, aprendemos enseguida a decir «mío»… Y solo la educación, lentamente, nos va enseñando a compartir, algo que asumimos con dificultad y nunca completamente…

Alcanzar un cierto control de los deseos no solo es esencial para modular nuestras prioridades, es también un signo de madurez. En una ocasión le preguntaron al psiquiatra Lacan cómo se producía la transición desde la infancia y la adolescencia hasta la madurez adulta. Él respondió brevemente: «pasando de la "y" a la "o"». Sus interlocutores no comprendían nada, así que le pidieron que ampliase la explicación. Entonces él se extendió algo más: «Cuando somos pequeños, decimos "quiero esto, y esto, y esto…". La edad adulta comienza en el momento en el que sabemos decir "quiero esto, o esto, o esto…"».

Qué importante saber elegir y no desear muchas cosas al tiempo… Importante para nosotros, que dejamos de correr alocadamente tras los señuelos que presenta la sociedad de consumo, pero fundamental también para la naturaleza, desbordada ya por una furia consumista que no conoce límites y a través de la cual vamos esquilmando todo a nuestro paso.

Es obvio que *el deseo no se reduce solamente a bienes materiales*. Incluso es posible que esa pulsión sea la más fácil de controlar. Deseamos también, y a veces como el paraíso ansiado, el éxito profesional, social, deportivo, artístico… Algo que, en su justa medida, es no solo razonable, sino estimulante y legítimo. El problema comienza cuando ese deseo nos secuestra, se enquista en nuestras vidas como un carrusel de feria que no para de dar vueltas alrededor de la idea del triunfo. Entonces, con la urgencia con la que uno se baja de un coche sin frenos, es preciso asomarse a la cordura y, desde ella, contemplar todo aquello que trunca nuestra auténtica felicidad disfrazado de conquista. Ello exige poner los pies en la tierra y volver a explicitar nuestras prioridades, algo que no siempre ocurre. Hay quienes deciden entregarse a la pira de un éxito a cualquier precio, ardiendo con él mientras el fuego dura… Se trata de elecciones libres y, como tales, respetables. Su única carga es que, antes o después, hay que que pagar el peaje de esos recorridos…

En ocasiones, las prioridades y los deseos conducen a un lugar en el que despierta otra secreta pulsión: el ansia de poder. Un latido que nos abre a un espacio cuyo horizonte puede ser el abismo… El ansia de poder es para algunas personas más potente que la libido y puede que, en esos casos, sea la que domine a la hora de definir sus prioridades. Entonces, hablar de sencillez es difícil, y suele aparecer más bien la arrogancia, fiel compañera de muchos triunfos.

Llegados a este punto, es preciso decir en alto que desear no es, en sí mismo, algo negativo. Ni mucho menos… Si no tuviésemos deseos seríamos gentes poco creativas, pasivas…, no seríamos humanos. Hasta el amor se alimenta de deseo… *Lo malo no es desear, sino hacerlo en exceso y con apego.* Querer más de lo que necesitamos para un razonable bienestar y «amarrarnos» a los cargos y a las cosas de forma tal que su posible pérdida nos suponga una catástrofe. El tema es complejo y *la cuestión de modular los deseos no estriba tanto en suprimirlos como en saber manejarlos, evaluarlos y transformarlos.* Anthony de Mello, un jesuita creativo y poco convencional, opinaba que *la felicidad es «bastantidad» (tener sentido de lo bastante).*

Esta conciencia de lo bastante, de lo que es suficiente en nuestras vidas, es el mejor medio para *establecer límites a nuestros deseos.* En una de mis entrevistas, pregunté a Raúl, un joven dependiente de unos grandes almacenes: «¿qué es lo prioritario para ti?». Él me miró sonriendo y respondió: «tener *un trabajo* que me permita cubrir mis necesidades y las de mi familia, y *tener tiempo* para desarrollarme como persona». Después me explicó que ambas cosas eran para él inseparables y que no deseaba un trabajo que le ocupase todas las horas del día: «me conformo con trabajar media jornada y vivir sin lujos, pero no quiero renunciar al tiempo de ver crecer a mi hijo».

Evidentemente, esta es solo una de las muchas opciones posibles. Su valor radica en que Raúl había pasado de la «y» a la «o», había aprendido a elegir y con sus elecciones estaba aplicándose una autolimitación voluntaria que marcaría el devenir de su vida. Para otras personas, las prioridades serán distintas. Lo importante es comprender que *optar por algunas cosas siempre supone renunciar a otras.*

Eso exige aprender a negociar poniendo en juego nuestros intereses con los de la comunidad y la naturaleza, en un tanteo balbuceante en el que avanzamos o retrocedemos, a veces al filo del desasosiego… Porque no es fácil conciliar los deseos con aquello que comprendemos que es viable ecológica y socialmente en cada momento. Ese es, sin embargo, nuestro reto, el que nos hace plenamente humanos. Encontrar el camino, la dirección precisa, puede ser tarea de toda una vida. Aun así, en esa negociación *no existen objetivos imposibles, caben todos los sueños, con la condición de que no causemos daño para conseguirlos.*

Tan importante como las prioridades y los legítimos deseos es el modo en que vamos dándoles forma, el proceso que desarrollamos para hacerlos realidad. Es decir, *la persona en que nos hemos convertido cuando los alcanzamos.* Un proyecto, un deseo, cuando se concretan en algo, ya pierden en gran parte el encanto que rodea a todo lo que no tenemos. Están ahí. Pero… ¿y nosotros? ¿Qué precio hemos pagado? ¿Somos ahora mejores o peores personas? ¿Vivimos más felices? ¿Hemos hecho felices a los que nos rodean?

Tener proyectos, establecer prioridades deben conducirnos al buen vivir, que es *una forma de estar en el mundo con las cosas, con la naturaleza y los otros, y no de tratar de apropiárselas a cualquier precio*. Es un estilo de vida basado en el cuidado. Se sustenta sobre la coherencia entre lo que somos y lo que hacemos: la mente unida a las manos y a los pies; la adecuación de los medios a los fines…

Nunca es tarde para transitar por este camino, para aprender a desear. Ojalá nuestros deseos se alíen con nuestros sueños. Pero cuidemos que ellos no nos lleven a un éxito de arena que se desmorone con el primer viento, sino a un éxito de agua: fluyente, sencillo, regador del territorio, albergador de vida… Entonces, la fidelidad a las prioridades habrá merecido la pena.

8. Ser jóvenes durante toda la vida

*La vejez comienza cuando el recuerdo
es más fuerte que la esperanza.*

Proverbio hindú

La juventud es un estado del alma. La experiencia humana es atemporal cuando disfrutamos con atención y confianza del lugar y el tiempo que nos corresponden.

Comenzamos a envejecer cuando dejamos de soñar, cuando los recuerdos son más fuertes que la esperanza. Quien siga siendo capaz de asombrarse y recrear la belleza en su entorno no envejecerá jamás. Cuando se es joven de ese modo se es para siempre.

Somos tan viejos como creemos serlo. La vida llama a la vida y la intención de vivirla en plenitud se confabula con nuestro cuerpo y nuestro mundo interior para hacer posible la aventura. Fluir con todo lo existente nos hace renacer cada día como seres creativos, flexibles y dinámicos.

La juventud es un estado del alma. Difícil definirla, por tanto, con el frío dato de una fecha en un carné de identidad. Hay gente de pocos años cuyo declinar se palpa en su tristeza, en el modo de asomarse a un nuevo día, en la carencia de abrigo que nos produce su presencia. Son personas cuyo otoño de la vida se ha anticipado, les pisa los talones, desbarata cualquier intento de alegría. Los reconocemos porque a su lado se nos pliegan las alas, los minutos y las horas se alargan, y el paisaje, cualquier paisaje, se percibe en blanco y negro.

Cuando envejecen físicamente es como si, al fin, hubiesen llegado a la estación de destino de sus biografías. Las arrugas que configuran su rostro son la expresión de las que inundan su alma. Entonces, generalmente, se encuentran a gusto, incluso piensan que ya pueden quejarse y serán comprendidos. Sienten un alivio: alcanzar al fin la lejanía de cualquier intemperie, del tumulto de una existencia de altibajos, del azar y la zozobra...

Físicamente, estamos envejeciendo desde que nacemos. Pero los viejos de espíritu abordan pronto y a destiempo la aventura espiritual de decirle no a la novedad, de instalarse en la rutina, evitando la sorpresa, el desafío de la apertura a lo inclasificable, la expansión ocasional de un abrazo vivificante. Han hecho una opción: evitar el sufrimiento. O instalarse en él de modo inconsciente... Porque cualquier evitación lleva aparejado su precio y el de esta es difícil de pagar: supone renunciar a media vida.

Otro tipo de personas se niegan a aceptar el paso de los años, persiguiendo ser jóvenes siempre, pero olvidan la química del alma y ponen todo el empeño en el logro de un cuerpo físico vibrante. En esos casos, la tarea es ardua, porque la naturaleza es contundente y el deterioro interior, cuando lo hay, difícilmente queda oculto simplemente cambiando la carcasa corporal. Entonces, el mejor indicador de edad es la salud. Esta no se compra con pastillas, *liftings* o masajes.

Y existen, finalmente, aquellos que aceptan el paso del tiempo con alegría, como quien asume una tendencia a ir sabiendo cada vez algo más, a comprender poco a poco las grandezas y miserias que acompañan a toda historia personal. Cumplir años les aleja de los bríos juveniles, pero, a cambio, les va aportando serenidad y experiencia, ingredientes ambos que se expanden en el camino hacia la sabiduría.

La cuestión fundamental no es, por tanto, si cumplimos años o no; más bien gira en torno al modo en que saludamos a la vida como una promesa de algo incumplido que está por llegar, tal vez irreal o inclasificable, incluso ignorado en su última esencia por nosotros mismos: *el sueño de mirarnos en el espejo y reconocernos como constructores de nuestra propia biografía.*

Quienes abordan así el día a día también son reconocibles. A su paso, todo vibra con la constancia de la alegría de vivir. Una alegría no necesariamente explosiva, sino serena, incesante, pobladora de las últimas esquinas de su cuerpo... Cuando los tenemos cerca nos sentimos bien y, por cierto, su edad se nos olvida, mientras admiramos esa capacidad suya para seguir arriesgando y asomándose al misterio, esa forma de amanecer con ilusión a un día nuevo.

Tengo la suerte de conocer a personas así. Algunas han sobrepasado los noventa años y siguen celebrando cada mañana el escenario cotidiano como si acabasen de llegar, atentos a lo que nace a su paso: una flor, un sonido, un brote en primavera. Compartir las horas con ellos aporta energía y buen humor. Son la expresión contundente de que *todo ser humano es eterno cuando es feliz en el lugar y el tiempo que le corresponden.*

Porque la eternidad tal vez sea eso: un modo de estar ajeno al calendario, despreocupado por el color de cada día y dispuesto a recibirlo tanto si llega con el rojo vibrante del placer como si lo hace con el marrón triste del sufrimiento. Las personas optimistas nos demuestran, porque lo viven, que *la juventud no es eterna, pero ser jóvenes nos puede durar toda la vida.*

¿Cuál es el secreto de estas gentes? ¿Por qué nos seducen tanto cuando las tenemos cerca...? No parece que exista una respuesta generalizable, pues cada persona construye y guarda su secreto, si bien en todas ellas reconocemos una determinación firme por ver el lado positivo de las cosas, diseñar su propia vida y no dejar que otros la diseñen por ellos. También porque suelen ser generosos y saben mirar alrededor, atentos a las necesidades de los otros.

Una de estas personas que conozco acaba de enamorarse con noventa años. Es feliz entrelazando las horas de presencia de su pareja con los silencios de la ausencia, porque sonríe siempre, esté o no esté acompañado. Aprendió a sonreír cuando era niño y ya nunca se le olvidó ese gesto, ese empeño por ver la parte luminosa de la existencia, por escudriñar todos los paisajes, por asomarse al alma de cualquier criatura.

Un amor a esa edad debe de ser muy auténtico porque nos cuesta mucho aprender a amar... Y debe de ser, intuyo, un amor distinto, tal vez menos fogoso pero más tembloroso en los rincones del alma, allí donde se desliza despacio la ternura. Su pareja, treinta años más joven, me dice que la llena de energía, que sabe abrazarla como nadie lo había hecho antes, y que a su lado siente un aleteo que le envuelve cuerpo y alma con una intensidad desconocida.

A un amor así no se llega por casualidad. *Antes hay que aprender a amar.* Hay que pasar el laberinto engañoso de la posesión, los celos, incluso el rechazo o la negación, para depurarse con el paso de los años. Ese es el trabajo de toda una historia personal, la mirada permanente hacia un horizonte en el que nada está escrito de antemano. La dulzura se aprende en esos lares, forcejeando con el miedo y la tristeza, si no, es dulzura acaramelada y tonta. También, claro está, aprendiendo a recibir las caricias, la palabra amiga, el abrazo cómplice de quien nos ama o simplemente nos quiere.

Sentir la juventud a todas las edades es el premio que se recibe a cambio. Porque, *cuando se es joven de verdad, se es toda la vida*. Entonces no importa el carné de identidad, sino las horas y los días empapados por el asombro. *Quien sigue siendo capaz de asombrarse no envejece jamás*, aunque sus párpados caídos quieran mostrar otra cosa. Porque el asombro, como la infancia, son los cómplices perfectos de la locura. Y... ¿hay mayor prueba de juventud que una pizca de locura...?

Existe una forma de belleza para cada edad, una belleza singular, intransferible y única, que se manifiesta en las arrugas del rostro, en esas señales de haber reído y haber llorado que, en ocasiones, expresan también la terquedad de gentes que no se han dado nunca por vencidas... Esa belleza tiene un especial atractivo, nos inunda al contemplarla. Es la expresión corporal de una simpatía por todo lo existente, de la capacidad para seguir reinventándose, de la complicidad interior con los seres queridos.

No hay reglas ni recetas para llegar ahí, tan peculiar es cada ser humano y su forma de andar por el mundo. Sin embargo, en todos estos casos de prolongada juventud, pese a los años, encontramos algunos rasgos comunes. Por ejemplo, la alegría. Mi maestra, la poeta Luz Pozo, tiene noventa y cuatro años, es una mujer de gran belleza, pero su mayor atractivo es la forma en que late la vida en su interior: serena y siempre positiva; sin perseguir nada, pero celebrando todo lo que llega; sin ansiedad, con la satisfacción de seguir cumpliendo con su trabajo poético, su amor a los que quiere y el cuidado de su entorno.

Luz es, así, un ejemplo de vida. No solo nos enseña la forma de ir cumpliendo años sin abandonarse, sino también el modo de abordar los sufrimientos sin dejar que se instalen en el alma más allá del tiempo preciso, del dolor necesario, del legítimo duelo... Nunca venciendo a la esperanza, jamás para sentir que ya llegó la hora de plegarse... Siempre, haga frío o calor, con la expectativa del nuevo día, de la hora en plenitud, del instante feliz de cada despertar.

De ella aprendo que *el mejor deseo es no desear*. Ni siquiera desear una compañía, lo más necesario para ir por el mundo. Luz me enseña que la existencia se compone de días solitarios y días tumultuosos en los que la gente corre a nuestro alrededor. Y me muestra la forma de no perseguir ni los unos ni los otros. Me anima a *vivir en la serenidad alegre, ese regalo de los dioses que nunca llegamos a apreciar*.

También a seguir soñando. *Se es viejo desde el día en que se deja de soñar*. Porque los sueños tienen textura, color, incluso una cierta humedad que hace que se filtren por cualquier resquicio... y nos habitan al ritmo de nuestro corazón, no de la fecha de nuestro nacimiento. Pueden invadirnos a cualquier edad, como una llamarada, un aviso de que la vida está llena de riquezas y necesitaríamos muchas existencias para vislumbrar una mínima parte de todo ese tesoro.

Hay algo también en estos jóvenes de noventa años que invita a la reflexión: su *aceptación de la muerte*. Es como si, al irse aproximando a ella, hubiesen dejado de temerla, incluso se aquietasen ante su imagen como quien se deja desarmar por lo inevitable y lo saluda, lo hace parte del paisaje de su alma. En esos casos, vida y muerte son una bendición. La primera

porque permite seguir estrenando cualquier amanecer luminoso. La segunda porque es el horizonte que anima a no perder
esas horas que llegan en algo tan inútil como el lamento. Es la
evidencia de que estamos aquí para celebrar todas las auroras,
para articular la palabra «amor» como si fuera la última vez
y demorarnos en la caricia o el beso que damos a quienes nos
acompañan.

La muerte es la compañera inseparable de la vida. Es el
regreso de nuestras partículas al ciclo de la materia, por eso
algunas personas quieren ser enterradas bajo tierra, en el suelo,
para que ese ciclo se reinicie cuanto antes. La muerte nos avisa
de que *es vano el duro deseo de durar*, en palabras del poeta
Paul Éluard. Pero es también fuente de vida: cada día muchas
de nuestras células mueren en un proceso necesario llamado
«apoptosis», precisamente para que otras células más jóvenes
las puedan reemplazar. De ese modo se cumple el ciclo vida-
muerte desde que nos asomamos a este lugar llamado mundo.

Cuando esas células «se olvidan» de que les toca morirse,
comienzan los procesos cancerosos. Surgen precisamente de la
desprogramación de la muerte, del deseo de durar a cualquier
precio. Y son nocivas porque incumplen esa ley misteriosa
y profunda que dice que *es necesario que algo muera para
que algo nazca de nuevo...* Por eso nos renovamos como individuos y como especie. La muerte es una clave esencial de
nuestra capacidad para seguir existiendo.

Gracias a ella, nuestra piel y los demás órganos de nuestro
cuerpo se renuevan periódicamente. Nosotros los sentimos

como algo fijo y estable, pero lo cierto es que están en flujo permanente y, pasado un año, se calcula que hemos renovado más del noventa por ciento de los átomos que nos componen. El secreto es, por tanto, que ese flujo de renovación alcance también nuestra alma, el lugar que alberga la conciencia, a los sentimientos y las emociones…, es decir, a ese ser invisible que somos cada uno de nosotros.

El médico y pensador Deepak Chopra escribió hace años un hermoso libro titulado *Cuerpos sin edad, mentes sin tiempo.* En él comenta, entre otras cosas, que para mantener la vida es preciso *vivir en las alas del cambio.* Unas alas que pueden hacernos volar si sabemos permanecer abiertos a lo largo de nuestra existencia, o que pueden plegarse si definitivamente nos decimos que ya nada espera el mundo de nosotros ni nosotros de él. *El cambio y la capacidad para gestionar situaciones imprevisibles son grandes indicadores de la juventud de una persona.* Derrumbarse a la primera o necesitar alrededor un orden inalterable, una rutina persistente, es tanto como envejecer antes de tiempo.

La esencia de un proceso de juventud prolongado en los años está también en *la integración mente-cuerpo*, en no negar, sino celebrar, el modo en que ellos se comunican, necesitan entenderse y amarse, para conservar en su memoria la estimulante claridad de todos los momentos felices y creativos, y también, cómo no, la fragilidad que se hace presente ante la enfermedad, la tristeza o el desasosiego.

Mente y cuerpo nos componen al unísono, son viajeros de

la misma aventura: mantenernos vivos en las mejores condiciones posibles. Y se hacen entre ellos una estimulante promesa: la de evitarnos cualquier descalabro, de ser nuestra guarida para lo bueno y lo malo, de no desalentar el soplo vital que nos mantiene.

Hay quien cuida mucho su cuerpo y olvida esa parte vigilante y atenta de lo invisible que otorga un último sentido a nuestra existencia. Unos la llaman alma, otros, espíritu, conciencia... Las palabras no importan tanto como la constatación de que ese algo habita en nuestro interior, nos ilumina en los momentos de duda, y es la patria íntima y certera en la que germina cualquier apuesta por la vida.

En ocasiones encontramos vestigios de su existencia, como si, al ver un pequeño arbusto, pudiésemos imaginar un gran paisaje. Son esos destellos que se expresan en nosotros, sin que sepamos cómo, para iluminar nuestros pensamientos, intuiciones y acciones, ayudándonos a comprender el mundo o, al menos, a tratar de vislumbrarlo. En esos momentos, la voluntad de no envejecer interiormente y la misma intención de seguir vibrando con todo como recién nacidos activan nuestras capacidades en el orden físico y mental. *La vida llama a la vida, y la intención de vivirla en plenitud se confabula con nuestro cuerpo para facilitar la aventura.*

Somos tan viejos como creemos serlo. El pensamiento con el que definimos nuestra edad es el que marcará los patrones-guía de nuestra decadencia. No podrá llevarnos a la inmortalidad, pero sí evitará que nos quedemos varados en las orillas del cambio y nos dará fuerzas para afrontar cada etapa palpitando con todo lo que crece, dejando que el alma y el cuerpo sigan deseando moverse, ver, descubrir, amar…

El infinito y la eternidad están en todas partes. Están presentes allí donde alguien le sonríe a la existencia. No hablan con palabras, pero se expresan en su capacidad para llegar a cualquier historia personal e iluminarla, en ese oculto darle sentido a cada amanecer estimulando la esperanza para creer en las promesas, la capacidad de vivir una pasión…

Cada uno de nosotros es parte de ese infinito. Cada vida está inscrita en esa eternidad. Trascender el paso del tiempo es recordarlo, es hacerse cómplice de esa íntima relación entre lo que somos y lo que proyectamos o podemos llegar a ser, sin que se pierdan en el proceso ni la emoción ni la atención.

Herman Hesse, en su obra *Siddhartha,* describe un momento en el que el protagonista, en su búsqueda de la iluminación, encuentra al fin la paz. Es al lado de un río, donde un rumor del alma le susurra: *ama este río; quédate junto a él y aprende de él.* Con esta bella metáfora, Herman Hesse está poniendo en boca de Siddhartha la necesidad de fluir como lo hace el agua, que pasa pero nunca es la misma, y la importancia de renovar constantemente nuestras búsquedas y hallazgos no solo en lo que nos rodea, sino dentro del propio corazón. *Fluir con la vida que nos sustenta es el mejor aprendizaje para no ser nunca viejos*, para renacer cada día como seres flexibles, dinámicos, con todo el potencial creativo que la naturaleza ha puesto en nosotros.

Chopra comenta en su libro un aforismo de Norman Cousins: *la creencia crea la biología*. Dejemos que nuestra creencia silenciosa sea de reconciliación y confianza en la vida, de cuidado de ese cuerpo que es nuestro lugar de acogida, el templo del alma. Hagamos que los sueños iluminen y alimenten el encuentro del espíritu con la materia, de lo visible e invisible que hay en nosotros, como algo alegre, vital, capaz de guiarnos hacia una existencia plena. Contribuyamos a ello con un derroche de luz, toda la luz posible alumbrando nuestros amaneceres y dando gracias por ellos. Y nos deslumbrará la experiencia de que, a cualquier edad, seguiremos estrenando juventud.

9. Cambiar la lente para cambiar la mente

El fin de las respuestas únicas
es el principio de las esperanzas múltiples.

Federico Mayor Zaragoza

La vida no es una fotografía fija. Se parece más bien a una obra de teatro que cada uno comprende y valora, desde su butaca, de forma diferente. Mejor ser de los que aplauden.

Lo nuevo, lo insólito nos visitan a diario. Solo podremos comprenderlos con ojos también nuevos, estrenando cada día la mirada.

Tan importante como ver lo que amamos es amar lo que vemos. Para ello, hay que aprender a ver y, si es preciso, cambiar la lente.

En nuestra vida cotidiana, cuando observamos algo siempre existe un hueco, una distancia, entre la realidad desnuda y nuestra forma de percibirla. Creemos ver las cosas «tal cual son», pero esa percepción es engañosa. *Lo que percibimos está condicionado por nuestros conocimientos previos, frustraciones y deseos...* Ni siquiera el tiempo o el espacio son igualmente tiempo y espacio para todos... Y no es raro que, influidos por nuestras expectativas, en ocasiones solo encontremos aquello que estamos buscando, mientras la mente se encarga de eliminar o ensombrecer todo lo demás.

Si buscamos un abrigo rojo, cuando entremos en la tienda el resto de los abrigos nos pasarán inadvertidos. Y, si no lo hallamos, tal vez califiquemos en nuestro interior el lugar como «poco rico en coloridos», simplemente porque no tenía lo que pretendíamos encontrar. De ese modo, el cerebro anula, en ocasiones, lo que no le interesa: una forma inconsciente de desdibujar la realidad.

Este tipo de percepciones sesgadas las tenemos a diario en todas las facetas de nuestra vida. Incluso los investigadores científicos, que por su método están obligados a ser rigurosos al máximo en la investigación, no pueden evitar perturbar con sus intereses, conceptos previos y expectativas, los resultados a los que llegan finalmente.

En el plano emocional, también nuestro estado de ánimo, nuestros éxitos o fracasos anteriores influyen en el modo en que afrontamos cualquier nueva experiencia. No es infrecuente, incluso, que el salvamento o naufragio de nuestros proyectos se relacione con el paisaje calmado o el temporal que transportamos en nuestro interior, como si una fuerza clandestina de la que no somos conscientes guiase nuestros pasos.

Así que conviene considerar que, del mismo modo que el agua toma la forma del recipiente que la contiene, así nuestros conocimientos, proyectos y actitudes ante la vida se construyen a partir de la forma en que contemplamos las circunstancias y nos situamos ante ellas. Es decir, *vemos el mundo (y nos vemos a nosotros) a través de una lente que lo configura.*

Ese acoplamiento imperfecto entre nuestra visión y la realidad nos afecta a todos. Sin embargo, ante situaciones parecidas (un problema laboral, un fracaso afectivo, una enfermedad…), algunas personas reaccionan con serenidad y otras, en cambio, caen en el pesimismo. Pues cualquier hecho que ocurra en nuestras vidas, para los optimistas siempre será interpretado como un momento de tránsito que comienza y termina, del que se puede aprender; y para quienes solo ven la parte negativa de las cosas será entendido como una mala jugada del destino por la que habrá que lamentarse eternamente.

Por fortuna, el ser humano es tan rico en registros que suele oscilar entre una y otra actitud. Y así vamos viviendo, entre la confianza y el desamparo, oteando el horizonte y caminando sobre nuestra memoria para aceptar y modelar lo que la vida nos trae. Lo que está claro es que *la belleza o miseria de eso que nos llega está siempre matizada por la lente con la que lo contemplamos*, y que de nuestra disposición interior dependerá en gran parte el resultado que alcancemos.

Decía un viejo anuncio televisivo que *lo importante no es lo que te pasa, sino cómo vives lo que te pasa*. Predicarlo en un anuncio es fácil, pero… ¿dónde hallar las claves para cambiar nuestra lente, para ver la realidad desde una óptica que nos conduzca al éxito vital?

Lo prioritario inicialmente es creer que podemos hacerlo. Es estar convencidos de que *nosotros somos los constructores de nuestro ánimo* y que, a partir de él, *podemos también construir nuestras vidas*. Al fin y al cabo, la existencia se parece mucho a un juego de cartas en el que conviven múltiples oportunidades y en el que el secreto de los buenos jugadores no está en las cartas en sí, sino en el modo en el que saben manejarlas.

No menos importante es *la imagen que tengamos de nosotros mismos*. Nuestra vida acaba pareciéndose siempre a esa narrativa oculta que hemos construido alrededor de la pequeña historia personal que nos es propia. Si al contemplarla emerge una imagen positiva, cada día encontraremos mil ocasiones para alegrarnos y dar las gracias. Si, por el contrario, dejamos que se imponga el desaliento, nos consideramos víctimas o creemos que los problemas son irresolubles, es muy posible que el futuro acabe dándonos la razón. Una estudiante joven a la que entrevisté me describía esto claramente: *para tener éxito hay que presuponer que lo vamos a alcanzar, que somos capaces*.

Pero el trayecto por la vida está lleno de obstáculos, así que son muchas las ocasiones conflictivas o negativas en las que conviene *reorientar la mirada, que es tanto como cambiar la forma de mirar:* ver lo nuevo con ojos nuevos, evitando la percepción fácil y rápida que nos propone el entorno o nuestra historia personal. Para vislumbrar todas las oportunidades que contiene una experiencia, un proyecto, un sentimiento…, es preciso practicar en cada momento la mirada como revelación, sin prejuicios, invirtiendo el signo de la rutina…, incluso aunque inicialmente todo se presente como negativo. La cuestión radica, en ocasiones, en un ejercicio tan sencillo como *practicar el pensamiento lateral*, salir fuera de nosotros y contemplar nuestras vidas y sus desafíos como lo haría un espectador, cultivando el asombro como una de las bellas artes.

Y, llegados a este punto, conviene hablar de nuevo de *la confianza.* Aprender a confiar en la vida es fundamental para orientar nuestra lente hacia una forma saludable y constructiva de enfocar los problemas. Cambiar la lente y confiar fueron las claves de la historia real que me relataron en una entrevista y que yo pude conocer después de primera mano. Se refiere a tres jóvenes, Jesús, Luis y Fernando, que decidieron crear una pequeña sociedad para orientar a distintas empresas sobre la forma de mejorar la sostenibilidad de sus actividades. Emplearon mucho tiempo y esfuerzo en organizarse; crearon un proyecto bilingüe abierto a entidades extranjeras; se garantizaron una buena difusión… Pero no les fue bien.

La parte estimulante de su historia comienza a partir de

ahí. Con las manos vacías, en vez de lamentarse se sentaron a examinar sus fallos y también los aspectos externos e internos que no habían evaluado correctamente. Y, en ese proceso, *cambiaron la lente para mirar qué habían aprendido de la experiencia.* Entonces se dieron cuenta de la utilidad de su fracaso: les había enseñado qué es lo que no tienen que hacer los emprendedores si quieren tener éxito profesional y, consecuentemente, cuáles son los caminos que conviene seguir al echar a andar un proyecto.

A partir de ahí, reconvirtieron su idea hacia una nueva empresa dedicada a dar cursos de orientación a emprendedores y ofrecieron sus servicios a municipalidades, organizaciones, universidades… Hoy se ganan la vida muy dignamente y son reclamados desde múltiples instancias. Su cambio de lente provocó un cambio en sus mentes y los llevó a invertir el signo de la pérdida, convirtiendo en positiva su experiencia inicial de aparente fracaso.

La confianza, en esta ocasión, fue fundamental. Confiaron en ellos mismos, en su preparación profesional y sus saberes. Pero también supieron intuir que la vida siempre acaba poniéndose del lado de los que se la plantean *mirando a todos los puntos cardinales y no solo a las vías muertas de la estación de los deseos.*

Salir de cualquier vía muerta exige, además, *esfuerzo.* Sin la cooperación del trabajo riguroso y constante, cualquier éxito en este sentido se resiente desde el principio. El esfuerzo es la potencia que nos ayuda a contradecir a quienes creen que el destino está escrito de antemano, permitiéndonos levantar la mirada por encima de los malos presagios y abrirle paso a la pasión de construir aquello en lo que creemos. Como me decía otra joven estudiante: *confiar sí, pero trabajar duro. Las cosas no se resuelven solas.*

Los que dicen que algo es imposible son, con frecuencia, los que acaban poniendo piedras en el camino de quienes trabajan para que las cosas vayan a mejor. Confiar y esforzarse significa *atreverse a cambiar.* Sin olvidar, eso sí, que la apertura al cambio siempre trae aparejados riesgos, de modo que se trata de elegir entre la creatividad y la acomodación, entre mirar el mundo al desnudo y contribuir a modelarlo o dejar que nos lo presenten maquillado y concluido.

Atreverse a un cambio de lente para el cambio es imposible sin confianza y autoestima, condiciones necesarias pero no suficientes. Es preciso aplicar también la *cordura inteligente.* Cuando esta se pone en marcha, aparecen experiencias de verdadero éxito. *Ella nos enseña a modular nuestros deseos, a tomar conciencia de los límites y de las posibilidades, haciendo sonar a un mismo ritmo la oportunidad y el riesgo...* No es fácil, pero es necesaria para ajustar nuestras expectativas a las posibilidades que tenemos a nuestro alcance y evitar las frustraciones. Si nos planteamos cruzar el Atlántico a nado, tendremos que admitir que esa tarea nos desborda. En cambio, si pretendemos ser buenos nadadores de fondo, con un entrenador y constancia tal vez podamos estar en el *ranking* de los mejores o, en todo caso, de los que disfrutan plenamente con la experiencia. *La cuestión no es el proyecto, sino la enver-gadura del proyecto.* Un tema no menor que nos acerca a la *conciencia de los propios límites.*

Y hay que hablar, cómo no, del valor de *las estrategias.* Lo importante para llevar adelante un proyecto no es solo pensar que podemos, sino escudriñar los caminos, las mejores formas y vías para alcanzarlo. *Con las estrategias creamos oportuni-dades,* no nos limitamos a usar aquellas ya existentes. Un buen estratega aparece en nosotros tanto en la curación de una enfer-medad como en la superación de una pérdida o en la conquista de un anhelo vocacional. Lo esencial no es solamente lo que perseguimos, sino *la adecuación honesta y comprometida de nuestros fines con los principios y valores que orientan nuestra vida y con los medios que usamos para alcanzarlos.*

Retrocediendo en el tiempo, encontramos una historia su-gerente que nos habla de cambios de lente, lucidez, confianza y estrategias. Ocurrió en el siglo v antes de nuestra era y se desarrolló en Grecia. Las ciudades-Estado griegas, entre ellas la pequeña Atenas, estaban siendo acosadas permanentemente por el formidable ejército persa que trataba de conquistarlas y extender su dominio en toda el área. Los aliados griegos ha-bían sufrido varias derrotas, entre ellas la de las Termópilas, donde su retaguardia fue aniquilada. En esas condiciones, la superioridad numérica de los persas no hacía presagiar ningún éxito para los helenos.

Esta y otras derrotas, como la de las naves griegas que tu-vieron que retirarse en la batalla de Artemisio, demostraron a los griegos que tenían todas las de perder en un enfrentamiento frontal, dada la fortaleza del ejército persa, que contaba, además, con mejores barcos, lo que hacía inviable una confrontación en mar abierto. Pero el general griego Temístocles *contempló el problema con una mirada nueva y vislumbró las posibilidades de un escenario alternativo*: pelear en el mar en un lugar estrecho. A fin de atraer a sus adversarios, desarrolló una serie de estrategias y tácticas que llevaron al rey persa Jerjes I a internarse en los estrechos de Salamina. Aprovechando justamente lo angosto de estos, la flota helena, pese a su inferioridad numérica, derrotó a las tropas de Jerjes I.

La decisiva victoria helena en Salamina fue, así, un ejercicio de autoestima, inteligencia, confianza y estrategia. Sin esas cualidades, Temístocles no habría podido llevar a sus gentes por el camino adecuado. Pero no hay que olvidar que aquella victoria surgió tras los aprendizajes de una derrota. Lo que hubo en medio fue, sin duda, *un cambio de lente que provocó un cambio en la mente del general*. Reorientó su mirada y, al hacerlo, aparecieron las condiciones del éxito. Este cambio en la forma de contemplar un problema, unido a las estrategias adecuadas, son lo que llevan a cualquier estratega a *convertir lo aparentemente pequeño en poderoso*. Es la buena noticia que a todos nos invita a actuar.

Son muchos los historiadores que consideran Salamina como uno de los momentos más decisivos de la historia de Occidente, pues si los griegos hubieran sido derrotados en aquella ocasión, la conquista persa de Grecia habría aplastado los pilares de una cultura que sería la matriz creadora de la democracia y la filosofía.

La historia nos enseña constantemente que *nuestra forma de enfocar la realidad, tanto a escala personal como colectiva, no solo es contemplativa sino creadora.* Que creamos realidad cuando creemos conocerla, en la medida en que le adjudicamos significados y potencialidades, desvelamos sus códigos, y transformamos toda construcción en un hallazgo, en ocasiones abriendo las cerraduras de lo que parecía inexpugnable. Incluso cuando nada cambia aparentemente a nuestro alrededor, *si nosotros cambiamos, al final todo acaba cambiando.* Lo importante es enfocar la lente en la dirección adecuada.

Recuerdo ahora otra historia de generales que ilustra lo que estoy comentando. Se desarrolla el día antes de una batalla decisiva entre dos ejércitos rivales. El general de uno de ellos se reúne con sus tropas, lanza una moneda al aire y anuncia: «si sale cara, venceremos; si sale cruz, seremos derrotados». Salió cara y la moral de las tropas se elevó de golpe. Fueron a la lucha convencidos de su victoria y, en efecto, vencieron al enemigo. Cuando lo estaban celebrando, un oficial se acercó al general para aplaudir su buena suerte, pero este le respondió abriendo la mano y mostrándole una moneda trucada que tenía cara por ambos lados.

Así funciona nuestra mente. *Si estamos convencidos de que podemos conseguir algo, la mitad del camino está recorrida.* Después viene todo lo demás: la inteligencia, la confianza, las estrategias… Y, por cierto, hablando de estas últimas, conviene recordar que las que suelen dar mejor resultado son generalmente las opciones menos fáciles en apariencia, las menos «manoseadas». Ese es un aprendizaje que vamos haciendo a lo largo de la vida, mediante tanteo y error, y que podríamos aprovechar desde muy pronto si la educación se emplease a fondo en estimular a niños y jóvenes en este sentido.

Para ello, sería necesario que educar fuese mucho más que enseñar unos determinados contenidos. Que la función de quienes educan (padres, maestros...) no quedase reducida a dar respuestas a los problemas, sino que se centrase esencialmente en *suscitar preguntas, potenciando la creatividad y el contacto con el mundo real,* estimulando en niños y jóvenes la capacidad de imaginar y el placer de descubrir soluciones nuevas para problemas nuevos, *aprendiendo a cambiar la lente y a ver las situaciones desde ópticas distintas a las habituales.*

Sea como fuere, aprendiendo de niños o de adultos, las entrelíneas del éxito vital son como los espacios de un pentagrama en el que podemos escribir nuestra propia música. Una música alegre o melancólica, pero siempre nacida desde la mano que se mueve y una mente flexible acostumbrada a ver las cosas desde muy diferentes enfoques.

Esta flexibilidad, esta capacidad para mirar sin prejuicios y con apertura, nos lleva, en ocasiones, a *crear las oportunidades, no esperar simplemente a encontrarlas.* Como el músico que compone una canción, eso no significa ir corriendo detrás del resultado, sino, serenamente, abrir la mirada y los sentidos en todas direcciones. Entonces, por sorpresa, las corcheas y los versos van haciéndose reales, alimentan poco a poco un canto que, como la vida, comienza a crecer y expresarse. Y descubrimos que el horizonte de nuestra historia personal es más amplio de lo que pensábamos. Lo importante, en ese sentido, es no pronunciar nunca las palabras *«yo ya…»* (yo ya no puedo; yo ya hice; yo ya soñé…) y decir siempre: *«yo todavía».*

Dejemos, pues, que se abran las puertas de lo que está por suceder. Saludemos a un futuro incierto mirando el horizonte desde los muchos ángulos posibles… Algunos pueblos que han pasado y pasan por dificultades son expertos en mirar de esta manera, en *enfocar la lente para crear propuestas y proyectos nuevos, incluso para alumbrar momentos de felicidad dentro de situaciones difíciles.* Lo he podido comprobar en mis múltiples viajes a América Latina. Allí he conocido a gentes que han aprendido a vivir en contextos de escasez e inseguridad improvisando a diario soluciones no ensayadas de antemano, saboreando intensamente cada día como si fuera el último, huyendo del asedio de la desconfianza y de los miedos.

Tal vez, el secreto consista en algo tan sencillo como *vivir simultáneamente en el mundo de la imaginación y en la realidad*, porque, mientras imaginamos, nuestra lente y nuestra mente son como aves voladoras que abren las alas y se disponen a explorar la vida con la mirada recién estrenada.

10. Aprender de las mujeres

*Las mujeres saben íntimamente que es el amor y no el poder
lo que garantiza la continuidad de la vida.
Cada mujer alienta la esperanza de la reconciliación,
de la cordura, de la paz, de la fortaleza en la cordialidad,
de que la humanidad descubra que es una gran familia.*

PAM BROWN

El proceso de emancipación de las mujeres ha sido (y sigue siendo en muchos contextos) una gran revolución. Podemos aprender de ellas porque han sabido hacerla sin disparar ningún tiro.

La tarea de cuidar es de personas, no de uno u otro género. Sin embargo, las mujeres han sido las grandes cuidadoras de las familias y de la naturaleza. De ellas aprendemos a cultivar y defender la vida en todas sus manifestaciones.

El colectivo femenino es, aquí y allá, un gran ejemplo de resiliencia. Las mujeres han sabido usar históricamente a su favor lo que se les venía en contra. De ahí su éxito y su capacidad para influir en el entorno.

Vivir es hacer siempre el esfuerzo de vivir. Esta idea del filósofo francés André Compte-Sponville se cumple claramente
en las mujeres a lo largo de la historia. Por lo general, ellas
no han tenido la vida fácil, ni en los ambientes más pobres o
atrasados ni en muchos otros niveles sociales. En ambos casos,
el soplo vital femenino ha sido históricamente arrinconado
por la sociedad patriarcal. En esas condiciones, vivir ha sido
un riesgo, una aventura difícil, en todo caso la búsqueda del
propio destino.

Pese a ello, de madres a hijas, de abuelas a nietas, se ha
ido transmitiendo la noticia de que era preciso pasar por la
vida transportando en lo más íntimo un resplandor. Y así ellas
*aprendieron la aventura de salir a la intemperie sin plegarse
a lo que el sistema dominante proponía.* También a reconocer
y defender las brevísimas conquistas de derechos que se iban
contagiando y prometían, más allá de la melancolía, un mundo
equitativo sin desigualdades entre los géneros.

El trabajo desarrollado por las mujeres ha tenido lugar
históricamente (y todavía hoy en múltiples culturas) de forma
mayoritaria en el ámbito de lo privado: la casa, la familia, la
comunidad… En esos espacios reducidos, *ellas han velado
sobre los escombros de belleza que iban dejando las guerras*

y las hambrunas, la enfermedad y la miseria. También han celebrado con alegría los momentos transparentes en los que la paz se abría paso, existían recursos para alimentar a los suyos y el entorno mostraba su rostro más amable.

Esos trabajos, esa entrega a los hijos, los padres, los miembros enfermos de la familia, o al cultivo de la tierra en las sociedades rurales, han sido siempre gratuitos. Es más, en muchos contextos se han considerado obligatorios, una forma oculta de inmolación que les venía impuesta a las mujeres por la costumbre y el desamparo hechos cómplices. La gran paradoja es que esta gratuidad, en lugar de ser reconocida socialmente como una generosa donación, ha sido invisibilizada, reducida al silencio, es decir, a la nada.

Expresiones como «mi mujer no trabaja» siguen siendo frecuentes en muchos contextos en los que quienes las pronuncian ignoran el valor (incluso económico) de las tareas de producción y reproducción de la vida que ellas realizan. De este modo se menosprecian todavía hoy en algunos casos las largas jornadas de atención al hogar y a la familia que a veces suponen catorce horas diarias de dedicación (sin salario).

El hecho de que el trabajo realizado por ellas en el hogar no genere beneficios económicos visibles e inmediatos es la causa fundamental de este fenómeno de asfixia que todavía encontramos aquí y allá. Decía una histórica feminista que la igualdad de las mujeres llegaría el día en que las sociedades valorasen tanto la maternidad y la crianza como el trabajo en los bancos. Esa idea es aplicable también, no lo ignoremos, a todo el trabajo masculino realizado en condiciones de explotación, algo que, por desgracia, no escasea en el mundo. Pero, por seguir con el discurso de lo femenino, conviene recordar que *el trabajo no asalariado de las mujeres y del voluntariado viene a representar alrededor de un 50% del PIB de los países en términos económicos.*

Aun así, la desazón y las lágrimas que se han ido congelando en las cocinas de muchos hogares no han sido objeto de reconocimiento. El dogma de la sumisión se impuso históricamente (si bien con distintos formatos) en todas las clases sociales y hoy todavía está presente en muchos contextos y culturas. Sin embargo, situadas al borde de ese despeñadero, las mujeres han ido conquistando derechos, espacios, lugares en el mundo. Y han conquistado, sobre todo, su alegría.

De ese modo, sin escándalo ni resignación, han encontrado paréntesis pequeños pero aprovechables en los que ir cultivando su inteligencia y sus sueños. Y, frente a la aridez y el mutismo de un sistema que no las quería libres, han logrado establecer complicidades y nuevas reglas, *ahuyentando el miedo al unísono para pronunciarse en alto como seres autónomos, responsables de su propio destino.*

Todo este proceso, difícil y doloroso en muchas ocasiones, por lo general ha estado exento de rencor y de tristeza. Bien al contrario, se ha nutrido del éxito de las pequeñas conquistas, de la alegría que acompaña a los derechos humanos cuando se abren paso… Y también de dolor y muerte: la francesa Olympe de Gouges, escritora teatral y activista revolucionaria en el contexto de la Revolución francesa, se opuso a la condena a muerte de Luis XIV y criticó la política de Robespierre y Marat. Anticipándose significativamente al movimiento feminista, en 1791 se atrevió a escribir la *Declaración de los Derechos de la Mujer y de la Ciudadana,* considerando que la escrita por los revolucionarios olvidaba a este colectivo. El texto comenzaba con la siguiente frase:

> Hombre ¿Eres capaz de ser justo? Una mujer te hace esta pregunta.

En el año 1793 fue detenida, juzgada por un tribunal revolucionario y, sin que pudiese nombrar abogado, condenada al cadalso. Fue víctima del radicalismo, la incomprensión y la lucidez de haber defendido «antes de tiempo» unas ideas que contravenían incluso el pensamiento de los líderes masculinos del movimiento por los derechos «del hombre».

Los tiempos de conquista de los derechos femeninos se revelan lentos y largos. Todavía después de más de un siglo, el 8 de marzo de 1908, 130 mujeres trabajadoras que reclamaban una jornada de trabajo de diez horas y un salario igual al de los hombres murieron abrasadas en el interior de la fábrica a causa de un incendio provocado por su propio dueño. Pagaron caro el castigo a su «atrevimiento». Hoy, en esa fecha, se conmemora el Día de la Mujer Trabajadora.

Y ya en plena modernidad, nuestras abuelas y nuestras madres vivieron sin poder abrir una cuenta corriente, sin poder contratar por sí solas, ni votar, ni ir a las universidades. De este escenario se libraron algunas pioneras, unas pocas, a base de coraje y sacrificio, pero el panorama general siguió girando en torno a la sumisión femenina y la consideración de las mujeres como «menores de edad»... Un panorama que, lamentablemente, sigue sin ser superado en algunas culturas.

Sin embargo y pese a la dureza del proceso, históricamente nada ha logrado frenar las luchas y el éxito del colectivo femenino en sus reivindicaciones. Aunque es de justicia reconocer que, *en este recorrido liberador, ellas nunca han estado del todo solas.* Siempre ha habido algunos hombres (pocos al principio y numerosos después) que han apoyado sus esfuerzos para vivir con dignidad esa aventura de medirse palmo a palmo con los sueños... Porque *su liberación ha ido en paralelo con la liberación de todos los excluidos de la Tierra.* Hoy en día, en contextos como el occidental, es posible encontrar grupos de varones que practican la *nueva masculinidad*, que comparten las tareas domésticas y se alegran de los éxitos intelectuales y profesionales de sus compañeras. Ellos tampoco lo han tenido fácil, pues el entorno conspiraba en su contra, como también lo hacía generalmente la educación recibida.

Y así, poco a poco, nuestras sociedades se han ido haciendo más justas y honestas en el reconocimiento del papel de las mujeres no solo dentro del hogar, sino también en el ámbito público. El abrazo de algunos hombres a los valores tradicionalmente desarrollados por el colectivo femenino (cuidados, pacificación, razón cordial iluminada por los sentimientos...)

ha supuesto un enriquecimiento de ambos colectivos. Hoy, por fortuna, se ha comprendido que *la tarea de cuidar es de personas, no de uno u otro género,* y eso hace que muchas heridas históricas cicatricen y que las demandas femeninas encuentren muchas más grietas en el sistema por las que es posible avanzar hacia la dignidad y el pleno desarrollo.

¿Qué podemos aprender de las mujeres? ¿Por qué ellas, también hoy, pueden iluminar nuestro éxito vital, profundo…?

Lo primero es que *este proceso emancipatorio ha sido una gran revolución. Y podemos aprender de ellas porque han sabido hacerla sin disparar ningún tiro.* Ha sido una subversión de valores inteligente y pacífica, aunque no exenta de coraje; llena de amor y de humor, pero capaz de pronunciar en alto las verdades… *Ellas no han declarado la guerra a sus dominadores, ni siquiera los han odiado.* Frecuentemente han dormido en sus camas, han lavado sus camisas y, en medio de ese panorama de dificultades, han ido avanzando a base de estudio y sacrificio, de rebelión y de riesgo, manifestándose como *el colectivo más resiliente de la historia.* Porque su resiliencia ha consistido, precisamente, en saber utilizar a su favor todos los elementos y circunstancias que, en principio, estaban en su contra.

Sabemos, por ejemplo, que las mujeres africanas, obligadas a hacer largas caminatas para ir por agua para sus familias, han aprovechado siempre esos tiempos de compañía para establecer complicidades, crear redes informales y compartir sus preocupaciones y anhelos. Y aquí, en Occidente, nuestras abuelas y nuestras madres cuentan que la reclusión forzosa en el hogar las enseñó a observar y a estudiar el comportamiento humano, a derrotar la rutina encontrando ocasiones para aprender lo nuevo. Ellas enseñaron a sus hijas *un secreto guardado por siglos en la caja fuerte del mundo femenino*: que tenían que salir al mundo, hacerse independientes y realizar sus sueños.

Y así ha sido. Las mujeres han ido vaciándose de culpas y de obediencia. Y, al mismo tiempo, los valores tradicionalmente «femeninos» se han abierto paso entre muchos hombres para inundar felizmente a unas sociedades necesitadas de paz, de ternura, de reconocimiento de las emociones y los sentimientos. Así, *el abrazo entre los colectivos masculino y femenino es hoy, en muchos contextos, no una realidad acabada, pero sí un bello proyecto en marcha.*

En este largo camino, algunas mujeres han iluminado especialmente el laberinto de las dificultades y los logros. Tenemos un ejemplo en Vandana Shiva, una científica, filósofa y activista que, con una maestría en Filosofía de la Ciencia y un doctorado en Filosofía sobre Mecánica Cuántica, decidió regresar a su India natal y defender el papel relevante de las mujeres en el mundo rural de su país y, por extensión, en todos los rincones del planeta.

En 1982 creó la Fundación para la Investigación Científica, Tecnológica y Ecológica, dedicada fundamentalmente al estudio y mantenimiento de la diversidad biológica y la difusión de la agricultura ecológica. Su trabajo constante de apoyo a los agricultores locales y su lucha contra el monocultivo, los cultivos transgénicos y las multinacionales que los promueven están impregnados de los principios de la no violencia y la desobediencia civil frente a las leyes internacionales del comercio.

Lo que podemos aprender de esta mujer es que una lucha pacífica frente a los grandes gigantes de la globalización puede ser efectiva, y que *cambiar los modelos de cultivar la tierra y de comer es un acto político* que contribuye a la sostenibilida de nuestras formas de vida sobre el planeta. También ese impulso vital de paciencia y constancia que hace que cualquier momento se revele como una oportunidad para avanzar, confiando siempre en el diálogo, la fuerza de la razón y el amor incondicional a la Tierra, nuestra casa común.

De ese amor nace en Vandana su pasión para defender el planeta, unida a la conciencia de que esa defensa tiene las mismas raíces y prácticas que la defensa del mundo femenino. Ella es una de las grandes representantes del *ecofeminismo,* un movimiento que entiende que *el patriarcado ha relegado a la misma invisibilidad a la mujer y a la naturaleza*, por lo que es preciso cambiar los valores sociales de cuño patriarcal que subordinan a ambas al productivismo, y *poner a la vida (y no al mercado) en el centro de la organización social, política y económica.*

Este es otro aprendizaje que emana de las mujeres desde siempre. Ahora las ecofeministas lo actualizan, lo adaptan a los escenarios del naufragio colectivo que es la crisis ambiental. Consiste en rescatar el valor de la vida y *reconocer que no somos dominadores de la Tierra sino parte de ella,* que no podemos tomar de nuestro entorno más de lo que necesitamos, y que el saqueo y la depredación con los que se está tratando a países y continentes enteros son una maldición para el futuro común de la humanidad.

En este sentido, no parece casual que otra mujer, Rachel Carson, escribiera a mediados del siglo pasado un libro pionero en la historia del ecologismo, *Primavera silenciosa,* en el que denunciaba el uso indiscriminado del DDT, señalando sus dañinas consecuencias para la salud pública y la naturaleza. Una obra que, pese al tiempo transcurrido desde su publicación en 1962, continúa siendo un *best seller* y lectura obligada para quienes trabajan en defensa del medio ambiente. El revuelo que produjo su publicación en la sociedad norteamericana culminó, sin que Carson pudiese verlo en vida, en el año 1969, con la firma de la Ley Nacional de Protección Ambiental, precursora de toda la legislación ambiental americana y europea.

Querría hablar también de otra relevante mujer, Wangari Maathai, bióloga y activista, quien, después de estudiar en Alemania, Oxford y Estados Unidos, regresó a Kenia, su país, donde recibió el primer título de doctorado otorgado a una mujer en el África Oriental. Ella fundó en 1977 el Movimiento Cinturón Verde, que tomó la responsabilidad de plantar más de treinta millones de árboles por todo el país para evitar la erosión del suelo. Eso la hizo merecer el cariñoso apelativo de «mujer-árbol». Pero su tarea no quedó circunscrita a este ámbito, también alcanzó a la defensa política de los derechos humanos frente al opresivo régimen de Kenia, lo que la llevó a prisión varias veces y dio lugar a que, en el año 2004, se le concediera el Premio Nobel de la Paz.

Todo el trabajo de Wangari ha tenido una enorme repercusión sobre las mujeres, mirando unas veces a los ojos de la naturaleza y, en otras ocasiones, enunciando las reivindicaciones femeninas en alto. Falleció en el año 2011, pero el recuerdo de su lucidez y su coraje ha servido de aliento para el Consejo Económico, Social y Cultural de la Unión Africana, del cual fue su primera presidenta.

Estas mujeres han alcanzado reconocimiento social, pero su valor no está tan solo ahí. Su éxito vital consiste fundamentalmente en haber comprendido que *los vínculos entre las mujeres y la naturaleza forman un círculo cuyo interior es un espacio alimentado de paz, coraje y alegría*; es haber sabido que, en medio de esos círculos invisibles, crece la pasión por defender la vida en todas sus manifestaciones.

Otro aspecto esencial del comportamiento femenino a lo largo de la historia es *su dedicación a los cuidados* (de la tierra, de las personas…). Ellas han sido las cuidadoras por excelencia. Su ejemplo de entrega no ha necesitado nutrirse de razones. No porque estuviera exento de ellas, sino porque, *expertas en el amor incondicional, se dejaron guiar por los afectos*. Y así, muchas veces sin estudios pero con una admirable inteligencia cordial e intuitiva, su primer éxito ha sido dar alimento y educación a sus hijos, cultivar una buena cosecha, o consolar a alguien que lo necesitaba. Todo eso lo hicieron poniendo en juego su dimensión afectiva y dejándose guiar por la conciencia y los vínculos, sin caer en la búsqueda del éxito fácil y, la mayor parte de las veces, sin esperar ningún reconocimiento.

Otras veces, la guía del mundo femenino (aunque no exclusiva, por supuesto) ha sido el perdón. Lo vimos en los ojos de la presidenta Bachelet cuando ganó las elecciones en Chile. Ella supo dejar a un lado su historia familiar y política, muy dolorosa, y asomarse al Palacio de la Moneda sin rencor, con el ánimo de trabajar por todos los chilenos… Una actitud de perdón que encontramos igualmente a diario en esos rostros de serenidad de tantas mujeres anónimas que viven en medio de enormes dificultades con sus parejas y su entorno y saben afrontarlas con dignidad, sin resentimiento.

De todas ellas aprendemos y nos nutrimos, alimentamos nuestros proyectos y reinventamos la aventura de ser libres, hombres y mujeres, practicando la concordia, la inteligencia creativa, la lucidez y el diálogo. Las mujeres son ya, en muchos contextos, mayoría entre los estudiantes universitarios. Están en la judicatura, en los hospitales, las empresas, las fábricas… Y miran, además, como quien mira a un tesoro, sus vidas privadas y familiares. Cuando se juntan ríen, ríen mucho, incluso de sí mismas. Cuando toca llorar no se reprimen… Y así, en ese círculo hermoso y profundo que construyen mirándose a los ojos, transportan siempre el mismo mensaje: *es posible hacer una revolución sin disparar ningún tiro.*

11. Agradecer los dones que recibimos a diario

Lloraba porque no tenía zapatos
hasta que vi a un hombre
que no tenía pies.

Proverbio persa

Dar gracias es un ejercicio que revitaliza y orienta nuestra existencia. Agradecer los dones y el amor que recibimos cada día supone hacerse consciente de ellos.

La apertura al agradecimiento es la toma de conciencia del valor de cada instante, de las cosas grandes y pequeñas, de lo visible y lo invisible… En suma, del milagro de existir.

Somos seres dependientes. No podríamos vivir sin la tenue labor de las plantas verdes, sin el deslizarse lento y feliz del agua por el interior de nuestro cuerpo. El éxito de la naturaleza es el sustrato de nuestro propio éxito vital; nos recuerda nuestros límites y nos conduce de inmediato al agradecimiento.

Hace unos meses falleció una de mis amigas más queridas. Tenía cáncer, luchó por curarse durante años y, en ese proceso, aprendió necesariamente a valorar y agradecer los pequeños milagros que se producían en su vida cada día: poder ver el amanecer desde la ventana, acariciar a sus hijos, saborear una pieza de fruta... Cuando le preguntaba cómo se sentía y hablábamos de este libro que yo estaba escribiendo, ella siempre me repetía: «mi éxito es respirar».

Esa frase se clavó en mí para recordarme que una sencilla respiración acompasada es algo que puede construir o destruir una vida. Al igual que gozar de un aire limpio, tener agua para beber, ojos para mirar el mundo... ¡Cuántas ocasiones para dar las gracias...!

El agradecimiento es una actitud de correspondencia con los dones que nos regala a diario la vida. Supone hacerse consciente de ellos, algo que, con las prisas con las que nos movemos, difícilmente llegamos a practicar. Solo sentimos el cuerpo cuando algo nos duele... Mientras tanto, lo llevamos como un fardo, sin pensar que la riqueza y complejidad de ese sistema físico que nos alberga son provisionales y gratuitas: podrían romperse en cualquier momento.

En ocasiones, sin embargo, aprendemos a caminar dando

las gracias por el tesoro de ese templo del alma que es nuestro cuerpo físico, aprendemos a respetarlo y a tener en cuenta sus posibilidades y sus límites. Entonces comenzamos a sentir que *no tenemos un cuerpo: somos nuestro cuerpo,* con todo lo que eso implica.

De igual modo ocurre con eso que llamamos alma, espíritu, conciencia... Generalmente lo sentimos como algo lejano, incluso misterioso, y le prestamos poca atención, pese a que *el cuidado del alma es una de las tareas más preciosas que nos han sido encomendadas.* Un alma que guía nuestro modo de afrontar la vida y es, a un mismo tiempo, refugio para las tristezas y lugar de acogida para cualquier contento.

Cuerpo y alma están inseparablemente unidos, se acarician el uno a la otra sin descanso, en una sintonía diaria en la que se hacen presentes la mente y la conciencia, compañeras inseparables de cualquier acción u omisión. En ese sutil entramado emergen la alegría o el desánimo con su singular forma de afectar a cada persona, de traer a nuestras vidas satisfacciones o carencias.

Desde esta fusión de lo visible y lo invisible nos aproximamos a los otros. No simplemente para evadir la soledad, sino para expandir la palabra, el júbilo de estar vivos, el aroma de la esperanza. La experiencia de estar con las personas que queremos y el placer de los encuentros nos enseñan la generosidad para dar y recibir. Sin embargo, tendemos a dar por hecho ese tesoro de la compañía, sin acordarnos de agradecer lo que representa en nuestras vidas.

La apertura al agradecimiento es la toma de conciencia del valor de cada instante. Podemos dar las gracias a la naturaleza o a los dioses, despiertos o dormidos... Solo es preciso ser conscientes de los regalos que vamos recibiendo cuando nos llega un plato de comida caliente, cuando podemos desarrollar un trabajo digno, en los momentos en que alguien querido nos abraza...

Hay quien va por la vida dando las gracias interiormente. Tengo la suerte de conocer a alguien así. Es mi amiga Elena, una persona que, pese a sufrir una discapacidad, vive en permanente agradecimiento por la suerte de seguir despertando cada mañana. Todo tiene sentido para Elena, desde la ilusión de pintar un cuadro a la de disfrutar de las pequeñas cosas. De ella aprendo que no hay placer ni dolor permanentes, que cualquier placer que nos llega es un regalo gratuito, y que *en cada instante de alegría encontramos señales de la parte más hermosa de la existencia.*

De su mano me inicié en la costumbre de *dar las gracias cada mañana por los cinco sentidos*, reconociendo el privilegio que supone tener ojos que ven, oídos que pueden escuchar, una nariz por la que inspirar el aire y los olores, una boca que puede saborear tanto una comida como un beso... y estas manos que me permiten ahora escribir y, en otros momentos, acariciar, vestirme, preparar una comida...

Este ejercicio requiere silencio y tiempo, es una forma de hacerse consciente que nos devuelve al gesto de aceptación del milagro de estar vivos. Desde ahí es posible reencontrarse cada día con la inmensidad de esos cinco sentidos y descubrir que, pese a que los damos por seguros, en cualquier momento nos podrían abandonar. Entonces sería demasiado tarde para echarlos de menos, así que mejor no necesitar la pérdida… Mejor ensanchar nuestra alma agradeciendo su permanencia en nosotros, sin caer en la engañosa sensación de que nos pertenecen. Porque somos nosotros los que pertenecemos a ellos, y no al revés.

Nuestro equilibrio interior depende, entre otras cosas, de esos sentidos que nos permiten asomarnos al mundo desde una complicidad a veces sosegada y en ocasiones tumultuosa. Dar las gracias por ellos solo requiere un pequeño ejercicio: detenerse a contemplarlos, nombrarlos por un instante como si fuesen recién estrenados, y hacernos cómplices de sus singularidades, de su forma de latir al unísono otorgando significado a nuestras historias personales.

Cuando hube aprendido esta primera aproximación al agradecimiento, Elena me enseñó otras varias, como *dar las gracias por vivir en un país en el que no hay hambre ni guerras*. Porque comienza a ser más infrecuente esta situación que la contraria, en un planeta donde tantos millones de seres humanos viven con grandes carencias y sufrimientos. Quienes estamos de esta parte del muro, donde hay derechos humanos, alimentos y hospitales, somos unos privilegiados. Sin embargo, no sentimos el temblor de ese privilegio más que en momentos concretos, ante un reportaje televisivo o fotográfico. Después, no sabemos valorar esta atmósfera limpia de paz como un regalo gratuito que nos ha llegado por azar.

Elena dice que los que tanto recibimos estamos obligados a mucho; que cada persona tiene que encontrar su forma de devolver los dones haciéndose útil al conjunto. E insiste en que el primer paso es ser consciente y agradecerlos. Me habla con frecuencia del *privilegio de tener amigos y familia, gentes que nos quieren*. Ella, todas las mañanas, hace un repaso por sus nombres y, con la voz y la palabra, los recita despacio como quien nombra a los compañeros de una aventura. Entonces, cada uno aparece como una presencia estimulante para asomarse a la belleza, para acariciar los silencios o las palabras...

Porque todos necesitamos que alguien nos mire, se detenga en sus prisas y nos escuche, o tal vez nos pida que le escuchemos... Si ese alguien existe, no cabe duda de que su misma existencia es ya el anuncio de una posibilidad, el anticipo de un posible encuentro, la constatación de que podemos, en algún momento, desbordar nuestra alma y compartirla. Es, al fin, una ocasión para estar agradecidos.

He comentado varias veces con Elena el tema del éxito vital. Ella es, como pintora, lo que podríamos llamar «una mujer de éxito». Sin embargo, a su lado, se percibe que su gran triunfo en la vida es *haber sabido hacer siempre aquello que le aconsejaban sus sueños, intentando, a la vez, no hacer daño a nadie*. La vida de Elena es su mejor cuadro, porque está pintada con las yemas de los dedos tocando la existencia, con un modo de acariciar el lienzo en el que late la alegría de vivir y se contagia. Estoy convencida de que su actitud de agradecimiento constante es una de las claves de esa huella que deja en mí cuando estoy a su lado.

Otra cosa que me ha enseñado es a *comer y beber consciente-*

mente, agradeciendo lo que llega a nuestras mesas. Ella lo hace despacio, al inicio, mediante una pequeña oración que comienza por el sol, el aire, la tierra y el agua… y sigue dando gracias por todas las personas que han hecho posible que esos alimentos llegasen hasta ella. Me explica que así, simplemente dedicando unos minutos a un gesto, los surcos de la memoria renuevan la consciencia de que *somos seres dependientes,* nos recuerdan que no podríamos vivir sin la humilde labor de las plantas verdes, sin el deslizarse lento y feliz del agua por el interior de nuestro cuerpo, sin la cooperación de otros seres humanos…

La lucidez sobre los grandes regalos que recibimos de la naturaleza, de la que somos parte, nos ayuda a relativizar los logros tecnológicos y artísticos de la especie humana que, siendo muchos, no alcanzan nunca la grandeza de unos océanos en equilibrio dinámico, de una tierra que jamás llegaremos a conocer del todo…, de la vida, en suma. A este respecto, recuerdo la historia de los amigos del compositor George Gershwin que se esforzaban por hacerle comprender a su padre la importancia de la obra musical de su hijo. En una ocasión, al parecer afianzaron sus afirmaciones hablando de la famosa *Rhapsody in Blue* escrita por Gershwin y sosteniendo que este era un genio. A lo que el anciano respondió: «Por supuesto que sí; creo que la rapsodia dura quince minutos. ¿No es así?».

Olvidamos con frecuencia que nuestros éxitos son minúsculos en comparación con el éxito de una naturaleza que se mantiene en su dinamismo desde hace cuatro mil millones de años. Una naturaleza que ha visto extinguirse multitud de civilizaciones humanas y que verá también desparecer la nuestra, probablemente a causa de la propia miopía y codicia de la especie. Por eso es tan importante educar desde la infancia a las nuevas generaciones en este *sentido de ecodependencia*, en esta *finitud compartida* que es el escenario de nuestras vidas.

No para dejar de soñar. No para abandonar la pasión de conocer, de construir, de comunicarnos. Simplemente, para ser más conscientes de nuestros límites… No para eludir los riesgos; más bien para comprender que, cuando los superamos, siempre es con el apoyo imprescindible del mundo natural. No para ocultar nuestro esfuerzo, sino para dignificarlo con la humildad de reconocernos incompletos, para situar lo que somos y creemos (también lo que alcanzamos) a medio camino entre el saber y la ignorancia, entre lo asequible a nuestras fuerzas y eso que llamamos «el entorno» físico y social que nos acoge.

Y así vamos descubriendo el modo de conciliar nuestra parte más natural de seres vivos con lo trascendente de nuestra dimensión racional, sentimental y espiritual. Y aprendemos no tanto a poseer como a agradecer lo que nos llega; no a tener prisa por los éxitos profesionales o sociales; más bien dejar que aparezcan, si aparecen, y entonces recibirlos como algo provisional y perecedero, con legítima satisfacción, pero sabiendo que no es ahí donde debemos quedarnos anclados sino en la zona del amor, de los amores grandes y pequeños… Una zona que se aleja de lo efímero, en la que podemos ver cómo caduca todo alrededor y seguir tranquilos porque somos queridos o hemos aprendido a querer.

Dar las gracias es un ejercicio que vitaliza y reorienta nuestras vidas. Me llamaron la atención hace unos días dos entrevistas que venían en el mismo número de una revista. En la primera, el periodista hablaba con un preso en el corredor de la muerte. Este se lamentaba de lo terrible que había sido su infancia con un padre alcohólico y justificaba así sus crímenes. El otro entrevistado era un empresario de éxito. Él confesaba también haber tenido un padre alcohólico, pero su respuesta a la pregunta del periodista fue: «Tuve que superarme; aprendí a ver la belleza en todo lo demás y, con el tiempo, la descubrí incluso en mi propio padre. Cada día doy gracias por mi vida».

Nada garantiza en el tiempo nuestros logros, por muy vigilantes de ellos que seamos. Como tampoco estamos atados a los momentos negativos que se asoman a nuestra historia a modo de fracasos. El dinamismo de la vida es un aliado del azar, de la provisionalidad… Y esto puede ser una buena o mala noticia, pero, en todo caso, nos invita a no estar comparándonos siempre con las personas o situaciones mejores que la nuestra, sino a aprender a mirar a la parte doliente de la Tierra, esa que parece haber sido descuidada por los dioses. Entonces tomamos conciencia de los pequeños/grandes regalos que recibimos a diario y comenzamos a caminar cambiando la mirada o, más bien, aprendiendo a mirar, sin ansiedad, sin egoísmo, dejando de ir siempre detrás de algo… Y nos asomamos a tientas a ese lugar silencioso y profundo, a la vez dinámico y gratificante, llamado éxito vital. En él podemos vivir fecundamente el agradecimiento. No solo por el exceso de luz, también por la belleza de la sombra; no solo por los sueños, sino incluso por los insomnios… No por tener una vida de recreación o de disfrute, sino, sencilla y llanamente, por el hecho de estar vivos

12. Estrenar sonrisa y buen humor cada mañana

Cuando tú sonríes,
el mundo entero
que también vela por su amargura
sonríe contigo.

MARIO DE BENEDETTI

Cada día tiene algún instante en el que estamos en el paraíso. Dejar que ese momento se haga consciente, gozarlo despacio, es uno de los ingredientes del éxito vital.

El buen humor es una actitud existencial que altera incluso la química de nuestro organismo; expresa la alegría genuina del ser humano; es un regalo que nos hacemos a nosotros mismos y a las personas que nos rodean.

Las expresiones de alegría son formas de energía terapéuticas. Nuestro cuerpo y nuestro espíritu se aligeran al unísono cuando saludamos a la vida con una sonrisa.

Para hablar de un camino que frecuentemente se entrecruza con los anteriores y los ilumina, querría comentar otro de los ingredientes del éxito vital: el buen humor. Un humor que, más allá de sus manifestaciones exteriores, se asienta y alimenta en *la experiencia cotidiana de reestrenar nuestra sonrisa interior,* ese gesto que nos asoma a la parte positiva de la existencia, por muy dura que sea en ocasiones... El buen humor de saber que, como nos recordaba el gran poeta Borges, *cada día tiene algún instante en el que estamos en el paraíso.* Dejar que ese momento se haga consciente, disfrutarlo despacio, es uno de los ingredientes de este buen vivir con el que podemos desdramatizar los momentos negativos y celebrar en alto los positivos.

Un humor afable es parte relevante de la imagen de nosotros mismos que vamos construyendo día a día. También de la forma en que afrontamos la vida: no para pedirle cuentas, ni para lamentarnos de su parte oscura, sino para admirar la luz que existe en todos sus recodos, la transparencia de la música y de los silencios, la aventura de una respiración que late a lo largo y ancho del planeta... Reír con ellos es *hacerse parte de un mundo que cada día renueva y celebra el milagro de todo lo vivo.*

Entrevisté a una relevante psicóloga clínica y le pregunté

acerca del papel del humor en las terapias. Ella me confirmó que percibe que una terapia avanza en el momento en el que el paciente comienza a reírse de sí mismo, relativizando sus problemas. *El humor es, en efecto, uno de los más eficaces mecanismos de adaptación del ser humano* a lo que la vida trae en cada momento. Comenzamos a crecer interiormente el día en que aprendemos a conciliar la lucidez con la capacidad de reír: no de la vida, sino con ella, no de los otros, sino con ellos.

Necesitamos la alegría y la sonrisa, constituyentes esenciales de la especie humana. Hablamos muchas lenguas distintas, nos cuesta trabajo entendernos con las palabras. Pero *todos, niños, jóvenes y viejos de aquí y de allá, reímos con el mismo gesto cuando estamos contentos.* Es conmovedora la primera risa de un bebé al que tomamos en brazos, como lo es la sonrisa de alguien que nos ama sin palabras o el gesto de aceptación feliz de un anciano que recibe nuestra caricia. *La sonrisa nos hace humanos, elimina las razas, las patrias, las ideologías y hasta las religiones.* Cuando dos personas se sonríen, lo que prevalece es la armonía, más allá de cualquier otro condicionante. Podemos enamorarnos de una sonrisa como nos enamoramos de un paisaje marino o de una puesta de sol, sin preguntas…

Sonreír es un acto gratuito que añade bienestar no solo a la persona que sonríe, sino a todo su entorno. *Solo en ocasiones llega a nosotros una alegría que nos hace sonreír, pero siempre podemos hacer que la alegría acuda a nuestra cita a través de una sonrisa.* Con ella ahuyentamos los lamentos, ponemos en juego la parte más alegre de nuestro corazón y anunciamos que se puede ser feliz sin el estruendo de una fiesta, con la menudencia de lo pequeño, con la voluntad de nutrir nuestra existencia de un sencillo gesto cordial y vivificante.

Pero hay también ocasiones en las que el corazón se desata como se desabrocha un zapato con el baile y, libre de cordeles y ataduras, danza jubiloso hacia su plenitud. Entonces, nuestra sonrisa es toda ella corazón o puede serlo... Funciona como una caja de resonancia en la que vibran al unísono los sueños y la realidad. Esos momentos nos hacen crecer e iluminan lo que crece a nuestro alrededor, aunque siempre están sujetos a una cierta provisionalidad, porque toda alegría es frágil y provisional, como lo son las cosas importantes.

Somos responsables de nuestra alegría, de la que sentimos y de la que compartimos, como una forma de traer al mundo algo que contribuya a su belleza. Este no es un ejercicio fácil en algunos momentos: un estado de ánimo alegre se va construyendo despacio, paso a paso, *aprendiendo a convivir con las derrotas y el sufrimiento sin dejar que nos oscurezcan el alma*. La alegría nos da alas para volar y darle vacaciones a la tristeza; nos indica los caminos y las personas que son mejores compañeros; revoluciona nuestras costumbres..., y mezcla la memoria con los olvidos para que el presente sea nuevo y luminoso cada día, como recién estrenado.

En la Declaración de los Derechos Humanos, los redactores sufrieron un olvido, omitieron *el derecho a la alegría*. Pese a ello, hay que proclamar en alto este derecho, que nadie debe poder secuestrar o mutilar. Una alegría que reconocemos fácilmente antes de las pérdidas, pero que un día sobreviene sin avisar también después de ellas. Un regalo, pues, o tal vez algo que recibimos como un préstamo para que aprendamos a cuidarlo.

Porque no vivimos simplemente para reproducir la especie, sino para confirmar que el mundo, si bien puede ser cruel e injusto en ocasiones, también puede resultar asombroso, deslumbrante, proveedor de celebraciones… Dice un viejo refrán que para estar abierto a que esto suceda *es necesario perdonar rápido y besar lento*. Dos buenos consejos que, sin duda, nos harán más agradable la existencia y contribuirán al buen vivir de quienes nos rodean. Pero, en el plano de las relaciones humanas, es preciso algo más: *combinar el sentido del amor con el sentido del humor,* como la mejor medicina para nuestras enfermedades colectivas. Una medicina que conviene tener siempre dispuesta en el botiquín de urgencias.

Por eso, *la fiesta y la fantasía*, esas situaciones que nos sacan del mundo cotidiano, tienen su lugar en el teatro de la vida. Con ellas transitamos de la rutina a un estado de ánimo despreocupado, centrado en el presente y, por ello, saludable. En tales ocasiones nos inventamos una nueva identidad, olvidamos el tiempo, y festejamos lo mismo las luces que la oscuridad, porque *la celebración está dentro de nosotros*. Son situaciones momentáneas que, cuando han pasado, siempre nos dejan un regusto de nostalgia, un deseo de que la vida, toda la vida, sea una fiesta.

En esos momentos extraordinarios no tenemos tiempo para

contemplarnos a nosotros mismos. Si lo hiciésemos, veríamos que *somos una parte del cosmos minúscula pero capaz de sufrir y de bailar, de reír y de llorar*, como aquella muñeca que tuve de pequeña que tenía dos caras, una triste y otra sonriente... Y entonces comprenderíamos algo esencial: que nuestra alegría y nuestro dolor, el hecho mismo de existir, son parte de la dependencia que tenemos de la Vida con mayúsculas, y aprender a convivir con ellos con buen humor es nuestro desafío.

Las expresiones de alegría, como la danza o el canto, son formas de energía terapéuticas. Lo sabían muy bien las culturas antiguas, en las que existía el rito frecuente de danzar y cantar en grupo. En aquellas ocasiones festivas, se disolvían conflictos y se mejoraba la convivencia mucho más que con largos razonamientos. Eso sucede también en la actualidad: es difícil que sigamos sintiendo rencor o recelo hacia alguien después de haber cantado o bailado con esa persona. Porque compartir momentos de alegría es como vivir, por un instante, un abrazo con esa alma que ya deja de sernos tan ajena; es intuir un principio de complicidad, de comunicación con ella; es bajar la guardia y las defensas y abrirse a la posibilidad de que, a su lado, desaparezcan los pesares y las preocupaciones en una feliz aventura momentánea.

El buen humor expresa la alegría esencial del ser humano, nuestra capacidad para no vivir atrapados siempre por la lógica, sino dejándonos habitar por la contradicción, por lo inesperado y lo paradójico. En mi tierra, Galicia, cuando alguien hace algo difícil de entender, la vieja sabiduría celta tiene una expresión para aceptarlo sin tratar de someterlo al análisis. Los gallegos decimos: «cadroulle...», que significa «le cuadró», «le salió así», «lo hizo porque lo hizo...». De un modo tan sencillo, con una sola palabra, esta cultura da acogida a la paradoja, a la parte inexplicable del ser humano, sin tratar de catalogarla.

Nuestro espíritu y nuestro cuerpo se aligeran al unísono cuando llevamos la vida con buen humor. Eso exige que aprendamos a relativizar nuestro papel en el mundo, los honores y las glorias humanos. *El buen humor es un regalo que nos hacemos a nosotros mismos y a las personas que nos rodean.* No se trata de estar siempre riendo –aunque la risa es una de nuestras mejores cualidades–, sino de mantener esa alegría sutil que nos sirve para poner distancia con lo que nos contraría, con los malos presagios, con la desesperanza.

La grandeza del buen humor es que se nutre al mismo tiempo tanto de la mente como del cuerpo y, a su vez, los alimenta. Es, por tanto, una cualidad que habla de nuestro compromiso con la belleza de la vida, pero es también mucho más: una actitud vital, existencial, que altera incluso la química de nuestro organismo. Según parece, la composición de las lágrimas que derramamos al reír con una broma no es idéntica a la de las lágrimas del llanto. Por eso reír contribuye a evitar y curar enfermedades. Lo saben bien los payasos voluntarios que van a los hospitales a hacer reír a los niños enfermos. Ellos no llevan medicinas, pero son grandes aliados de los médicos y de los tratamientos curativos.

La capacidad para reír es específica de la especie humana.

Ningún otro animal practica la risa consciente, que yo sepa. El humor es una de las fuerzas que sostienen nuestra civilización. Los grandes gobernantes, los filósofos, los educadores lo necesitan frecuentemente para lidiar con situaciones complicadas; incluso diríamos que es una expresión de su inteligencia para construir un mundo amable a pesar de todo el dolor con el que el planeta amanece cada día.

Todos queremos estar con alguien que ríe, alguien de buen humor. Esas personas que saben fabricar ocasiones para la sonrisa son como imanes que atraen a las otras a su alrededor. Hacen cierto el proverbio de que *el tiempo que pasa uno riendo es tiempo que pasa con los dioses.* Con ellas, la dureza de la vida se diluye por momentos y, en su lugar, aparecen las buenas noticias: estar vivo es también una fiesta, no solo un deber o una responsabilidad. A veces, a su lado sentimos que la amistad es un tesoro, que la palabra vale la pena, que un simple gesto puede difuminar nuestra fragilidad e iluminarla…

Pero las expresiones del buen humor van mucho más allá de unas risas o una sonrisa. Se albergan también sutilmente en *la ternura, ese don esencial que se expresa cuando nos asomamos al otro con olvido de nuestro propio proyecto* y, por instantes, nos hacemos parte de su existencia y sus necesidades, de su historia. En ocasiones, a través de la caricia, el contacto de una mano, el gesto de un brazo que abraza. En otros momentos, en un modo de mirar y de escuchar, en una forma de regalar nuestro tiempo, de poner en alto nuestras debilidades para acompañar a la parte más vulnerable del amigo.

El filósofo Leonardo Boff, en un conmovedor trabajo sobre este tema, llama a la ternura *la savia del amor,* consciente de que, sin ella, las relaciones amorosas van dando paso al desencuentro. Boff advierte que, cuando una relación amorosa termina, con frecuencia no ocurre porque las personas se odien, sino porque se vuelven indiferentes la una a la otra en un proceso que es la muerte del amor. De un amor que, en otras ocasiones, puede ir mucho más allá de la relación interpersonal, puede albergarse en una causa justa, una vocación, un deseo de entrega en aras del bien común. En palabras del revolucionario Che Guevara, *hay que endurecerse pero sin perder nunca la ternura.* Esa no es tarea fácil, a veces requiere el aprendizaje de toda una vida. Es una difícil mezcla entre los pequeños gestos y los amores grandes, algo que tiene mucho de arte y que, cuando se logra, puede dar sentido a una vida.

Nuestras sociedades tienden a relegar la ternura al mundo oculto de las relaciones íntimas, bajo la falsa pretensión de que la racionalidad ha de recubrirlo todo, incluso los encuentros personales. Sin embargo, aquellas culturas y pueblos que tienen incorporadas estas experiencias de alegre comunión entre las personas, de inteligencia cordial para entenderse entre ellas, son sin duda las sociedades más felices. En la cultura mediterránea, por ejemplo, está bien visto que las personas se toquen o se abracen en la calle, según sea su grado de proximidad; no por un instinto físico, sino por el afecto que nace de una manera de sentir la vida que va más allá de las ideas, que se concreta en los encuentros…

Sin embargo, en líneas generales, todo conspira en contra de la ternura como expresión de la alegría de existir acompañados. Vivimos una globalización de la insensibilidad, en sociedades en las que lo real está siendo suplantado por lo virtual: en vez de abrazarnos, nos enviamos besos por internet; en lugar de vernos y pasar la mano por el rostro del otro, nos hablamos por el teléfono móvil... Por eso *necesitamos, sin remedio, una revolución de la ternura,* una nueva forma de experimentar el mundo con los cinco sentidos, para que la vida no sea una representación de lo real, sino la evidencia de un destino compartido.

El buen humor y la alegría son los compañeros inseparables de esta aventura; podemos tratar de avanzar hacia el éxito vital con ellos o sin ellos. Los resultados serán bien distintos. No solo para nuestro entorno, sino para nosotros mismos. El reto es acortar la distancia entre nuestra mente y nuestro corazón, es reestrenar la sonrisa interior cada mañana, es demorarse en la alegría de vivir... Y comprender que hemos nacido, sobre todo, para celebrar la vida.

Como señalaba el filósofo Ortega y Gasset, *es triste hacer por deber lo que se puede hacer por entusiasmo.*

13. Cuidar de los otros sin dejar de cuidar de nosotros

Y será el simple y esencial cuidado
lo que todavía va a salvar la vida, proteger la Tierra
y hacernos sencillamente humanos.

LEONARDO BOFF

Los seres humanos nos asomamos a la vida desde la fragilidad. Nuestro cuerpo y nuestra mente se desarrollan despacio en un proceso de maduración que no sería posible sin cuidados. El otro, los otros, son esenciales para nuestra supervivencia.

El cuidado da densidad humana a nuestras vidas. Nos beneficiamos de los aspectos amorosos y nutrientes de nuestro entorno. Y, desde nuestra propia necesidad, aprendemos a intuir el desamparo y las necesidades ajenos.

Necesitamos una alianza global para cuidar los unos de los otros y todos de la Tierra, que nos provee de vida. Eso exige saber cuidar de nuestro propio cuerpo y de nuestro corazón. Acogerse a uno mismo para acoger al otro y a la naturaleza, ese es el desafío.

Todo ser humano necesita para crecer de una fuerza protectora. *La fragilidad con que nos asomamos a la vida es, paradójicamente, una condición esencial de nuestro éxito como especie.* En la medida en que el cuerpo y el espíritu se desarrollan despacio, en ese largo y lento madurar, se dan las condiciones de desarrollo y aprendizaje que nos enseñan a dialogar con el entorno.

Este diálogo y esta maduración no serían posibles sin cuidados. Por eso, el camino de los cuidados reaparece constantemente en nuestro tránsito por la vida, en ocasiones de forma voluntaria y otras veces obligados por las circunstancias que nos avisan de la fragilidad esencial que nos constituye. Nuestra condición es peculiar entre los seres vivos: no estamos totalmente anclados en el medio, como una roca o una planta, pero tampoco podemos vivir ajenos a él. Estamos hechos de un material sensible que a veces es transparente y en otras ocasiones resulta opaco hasta para nosotros mismos. Convertirnos poco a poco en hombres y mujeres, seres que piensan, sienten y se comunican…, es *la aventura de construirnos como sujetos capaces de conciencia, artífices, en gran parte, de nuestra propia historia.*

Nada de esto sucederá armoniosamente sin cuidados. Al

principio, en la dependencia total de los padres o cuidadores. Después, utilizando con su ayuda los bienes de la naturaleza, alimentándonos, aprendiendo a hablar porque alguien habla a nuestro lado…, aprendiendo a reír porque hemos sido bendecidos antes por alguna risa cercana… Usando la vista, el tacto, para descubrir mirando y tocando todo lo que nos rodea, incluidas las personas.

La vida crece así como un sistema de esperanzas en el que el otro es esencial para nuestra supervivencia. De ese modo vamos creciendo. Así superamos la enfermedad y la tristeza, la ignorancia y la ancianidad… Siempre beneficiándonos de cuanto hay de amoroso y cercano en nuestro entorno: de la maestra que enseña, del médico que cura, de la madre o el padre que nos traen la palabra y el abrazo cotidianos…

En este proceso, lo exterior y lo interior juegan a fusionarse y confundirse. Nunca llegamos a saber del todo dónde estamos o por qué vivimos: si en un lugar individual o colectivo; si gracias a nuestras fuerzas o en virtud de la acogida que nos van dando los otros en forma de compañía, habilidades, conocimientos, afectos…

Algunos animales nacen de golpe, salen caminando del vientre de su madre o del huevo y se asoman a la vida con gran parte de su equipamiento vital. Nosotros, no. Por nuestra constitución biológica, somos hijos del cuidado; si no lo recibiésemos, moriríamos a las pocas horas de nacer. Y seguimos necesitándolo a lo largo de toda la vida. De hecho, *el ser humano nunca ha nacido por completo*, de ahí su plasticidad para irse construyendo, y también su trabajo constante para engendrarse a sí mismo cada día convirtiendo en milagro su proyecto de plenitud, abriéndose a un mundo de valores y creencias, de ideas y afectos..., un mundo complejo, al fin, para envolver y alimentar su propia complejidad.

Esta dependencia, esta necesidad de ser receptores de cuidados, no concluye en una sola dirección, sino que nos abre de inmediato a la tarea de cuidadores: aprendemos a sentir y poner en práctica el impulso de amar ocupándonos del otro. *Nuestro propio desabrigo nos permite adivinar y comprender los desalientos ajenos. Nuestro dolor, nuestra alegría nos rearman para asomarnos a otros sufrimientos y celebraciones.* Y así, en ese remolino de idas y venidas en las que nos dejamos ayudar y a la vez atendemos a lo ajeno, se disipan los miedos, los contratiempos y las desesperanzas.

El cuidado da densidad humana a nuestras vidas; contribuye a hacer real la relación entre amor y conocimiento. Al cuidar expresamos los afectos, pero también nos acercamos al sujeto o al objeto cuidado y penetramos en él, tratamos de comprenderlo mejor... Porque donde resultamos más auténticos, más nosotros mismos, es precisamente en nuestro desvalimiento, en la necesidad que tenemos de los otros, personas y naturaleza, para subsistir. En la infancia, la enfermedad o el desamparo, esta dependencia se hace bien visible y nos reta, unas veces para cuidar y otras para pedir ayuda o recibirla agradecidos.

Decía el poeta Edmond Jabès que, *para existir, se necesita primero ser nombrado*. De ahí el valor de la palabra en el acto y la actitud de cuidar, porque lo que nombramos nos compromete, se convierte en parte explícita de nuestro diálogo con el mundo. *La palabra dicha en alto añade corazón al cuidado.* Un cuidado frío, sin corazón, no merece ser llamado así, se queda simplemente en un oficio. Pero el padre o la madre que nos enseñan a hablar, la enfermera que nos saluda por nuestro nombre, la maestra que nos anima valorando el trabajo que hemos hecho…, todos ellos nos van ayudando a encontrar el emplazamiento de nuestra vida en un mundo difícil de comprender y de asumir.

En un delicioso libro sobre el valor del cuidado, Leonardo Boff nos refiere la fábula de Higinio, bibliotecario egipcio de César Augusto. Según ella, Cuidado, al atravesar un río cierto día, encontró un trozo de barro y comenzó a darle forma humana. Dicen que, mientras contemplaba su obra, apareció Júpiter, y Cuidado le pidió que le insuflara espíritu, a lo que el dios accedió. Sin embargo, cuando Cuidado quiso ponerle nombre a la criatura que había modelado, Júpiter se lo prohibió, exigiendo que le pusiera su propio nombre.

Mientras Júpiter y Cuidado discutían, se les acercó, curiosa, la Tierra. Y también ella quiso darle su nombre a la criatura, aludiendo que había sido hecha de barro, un material terreno. Así que la discusión se amplió hasta que, de común acuerdo, decidieron pedir a Saturno que actuara como árbitro. Este tomo la siguiente decisión, que pareció justa:

Tú, Júpiter, le diste el espíritu. Entonces, cuando muera esa criatura, se te devolverá ese espíritu.

Tú, Tierra, le diste el cuerpo, por lo tanto, recuperarás el cuerpo cuando muera esa criatura.

Pero como tú, Cuidado, fuiste el que modeló a la criatura, la tendrás bajo tus cuidados mientras viva.

Y ya que entre vosotros hay una acalorada discusión en cuanto al nombre, decido que esa criatura se llamara «hombre», es decir, hecha de humus, *que significa «tierra fértil».*

La importancia de esta fábula, señala Boff, es que *el cuidado aparece como anterior al cuerpo y al espíritu*, considerados siempre como los primeros constituyentes del ser humano. Aquí, al contrario, se afirma que el cuidado les antecede, es un acto no solo inaugurador de vida, sino también continuo y constante a través del tiempo y del espacio, sin el cual el ser humano no podría existir.

Ser cuidado y cuidar son parte esencial de la energía que mantiene nuestras historias personales. A veces se manifiestan como precaución o prevención de posibles riesgos o males. En otras ocasiones son sencillas expresiones del amor. En estos casos, basta que alguien haga algo por el otro por el solo placer de hacerlo para que todos los espacios y valores se expresen, el tiempo cobre una nueva dimensión, y la debilidad y la fortaleza se atrevan a mostrarse sin necesidad de recubrimientos.

¿Tiene corazón este camino? ¿Nos conduce a algún lugar amable? Creemos que sí, porque *abre las puertas de un en-*

cuentro profundo: nos hace parte del otro en lo que damos y en lo que recibimos; nos confirma nuestra desnudez ante la vida y el sentido cabal de recorrerla cogidos de otras manos. Nos enseña, también, que la naturaleza está ahí como un hogar de acogida, no para ser adulterada o sacrificada, sino para cuidarnos y hacerse cuidar.

Este vínculo con la naturaleza nos abre a la otra dimensión de los cuidados: ocuparnos del entorno que nos acoge. Nunca somos tan lúcidos como cuando lo respetamos en sus ritmos y sus límites; nunca tan libres como al elegir amarlo, porque en esa actitud se asienta otra libertad fundamental: la de *optar por la vida*, en medio de un mundo que mira hacia otro lado cuando el mercado o las empresas sin alma deciden destruir los bienes de la Tierra o ponerles precio.

En esta tarea, nos ilumina un bello documento –la *Carta de la Tierra*– que se redactó colectivamente para dar voz a un planeta que está siendo esquilmado por la especie humana. En su preámbulo podemos leer lo siguiente:

> *O hacemos una alianza global para cuidar los unos de los otros y ambos de la Tierra, o corremos el riesgo de autodestruirnos y destruir la diversidad de la vida.*

Nuestros antepasados campesinos sabían mejor que nosotros qué era eso de cuidar la Tierra. Pero actualmente, en un mundo cada vez más urbanizado, el contacto con la naturaleza se va perdiendo y, sobre todo, se olvida *nuestra relación de depen-*

dencia. Hemos quedado presos de una falsa ilusión: creer que la tecnología puede darnos todo lo necesario. Y olvidamos que las raíces esenciales de la vida social y personal están en el mundo natural: en el agua y el aire, en la energía del sol, la bondad de los bosques, la riqueza de todos los seres vivos que nos acompañan.

Somos naturaleza, una parte sustancial de ella. Pero esa verdad evidente se nos escapa y avanzamos violentando sus ritmos y sus pautas, explotándola por encima de su capacidad de regeneración. No aplicamos el principio de precaución, y ello nos lleva a construir centrales nucleares en lugares de riesgo, nos impulsa a talar bosques, destruir especies, contaminar los mares… Y así, olvidando la infinidad de dones que ella nos regala, asaltamos sin pudor sus recodos ignorando las señales que hablan de la muerte silenciosa de muchos sistemas vivos.

Podríamos haber sido grandes cuidadores, haber vivido evolucionando al unísono con todo lo vivo, pero hemos elegido el camino equivocado. Y los resultados no se han hecho esperar: tenemos sobre nosotros un proceso de cambio climático que no sabemos cómo evolucionará; hemos llevado a la extinción a miles de especies animales y vegetales; la destrucción de suelo fértil promovida por los procesos de urbanización planetarios es inconmensurable… Y, en medio de este caos, estamos llamados a la cordura.

Cordura es regresar a los cuidados. Convertirnos en cuidadores de lo que nos provee de vida. No solo por respeto y agradecimiento, sino incluso por nuestro propio interés, porque, si destruimos la casa común –y ya lo estamos haciendo–, estamos minando las condiciones de vida de nuestros hijos y de las generaciones futuras.

Cuidar la Tierra no por la falsa creencia de que ella nos necesita. Durante dos mil millones de años la Tierra vivió poblada solamente por bacterias. Y seguirá viviendo si nosotros desaparecemos, probablemente habitada por bacterias y algunos insectos. *La Tierra puede vivir sin nosotros. La pregunta implacable es si nosotros podemos subsistir sin ciertas condiciones de vida sobre ella.* Y la respuesta es rotunda: si destruimos los ecosistemas esenciales, si contaminamos los océanos y los ríos, si seguimos arrojando ingentes cantidades de gases de efecto invernadero a la atmósfera…, si persistimos en destruir las condiciones de nuestra propia vida, estaremos poniendo en juego nuestra supervivencia como especie.

La minúscula y olvidadiza humanidad tiene que volver a aprender a cuidar de su entorno. Con urgencia. Como un acto de amor, pero también como una estrategia de supervivencia de la especie. Entonces, nuestra capacidad tecnológica podrá ser utilizada en la dirección del cuidado. Pero, aun así, no será la tecnología sino el amor y el respeto los que nos salvarán del abismo y las pérdidas. Necesitamos nombrar de nuevo a la naturaleza cuando hablamos del amor al otro, a lo otro, porque nunca el otro ha sido tan próximo como en este caso, porque *llevamos dentro al otro*, a ese mundo natural que navega por nuestras venas y tiene nuestro cuerpo como lugar de acogida.

La pregunta es si podremos reaprender este amor necesario,

esta conciencia de los cuidados que el otro y lo otro necesitan si antes no hemos aprendido a cuidar de nosotros mismos. Porque *quien no sabe cuidar su cuerpo y su corazón no podrá acoger con verdadera entrega las necesidades de su entorno, se trate de personas o de otras formas de vida.*

Hay una hermosa afirmación de Frida Kahlo, la pintora que vivió intensamente sin que fuese obstáculo para ello su difícil y delicada situación física. Frida decía: *todas las mañana me visto para el paraíso.* Y hoy nos deleitamos contemplando los vestidos y collares con que aparece en sus autorretratos, los aderezos multicolor que muestran sus fotografías, algo que nos enseña a navegar por el cuidado propio más allá de cualquier quiebra, o incluso precisamente por ella.

Acogerse a uno mismo para acoger al otro, este es el desafío. Aceptarnos con nuestros límites y capacidades; asumir nuestras debilidades y déficits tanto como nuestras fortalezas…, esas son vías de respeto hacia nosotros que nos enseñan cómo respetar la fuerza de la vida allí donde esta se manifiesta: en un ser humano amigo, en la persona que sufre hambre o exclusión, en la planta o el árbol que necesitan agua de riego…

Entrevisté a Marta, una enfermera que trabaja en la Unidad de Cuidados Intensivos de un hospital de Madrid. Ella me hablaba de su labor diaria con el convencimiento de que esos cuidados, en situaciones límite, son vitales para sacar adelante a personas que sufren. Y me decía que allí, entre aquellas paredes, se tornan evidentes la fragilidad y la esperanza a la vez, pero también el valor de estar atentos al otro, de vigilar su respiración, de regar con una palabra o una caricia en la mano las ganas de vivir.

Así somos en lo más íntimo: una realidad única definida por su fragilidad y su plasticidad. La primera nos convierte en sujetos de cuidados, sin los cuales nuestra historia iría a la deriva. La plasticidad nos permite ser, al mismo tiempo, sujetos cuidadores, capaces de modular nuestros deseos y nuestras prácticas en función de las necesidades ajenas. El equilibrio entre ambas condiciones enhebra los hilos de la esperanza. No solo porque indica que estamos aprendiendo a amar, sino porque, al dejar que nos amen, reconocemos nuestro desamparo… Y comprendemos que el éxito vital habita escondido en esa trama sutil y cotidiana en la que se entrelazan la escucha y la palabra, la mano tendida y el corazón abierto… Un misterio, una forma de abrazar la vida como intercambio, que se llena de luz cada vez que el cuidado se abre paso.

14. Manejar con cordura nuestro tiempo

No corras, ve despacio,
que adonde tienes que ir
es a ti solo...

JUAN RAMÓN JIMÉNEZ

El tiempo es una medida de la felicidad.Lo necesitamos para profundizar en las riquezas de la vida.También se relaciona con la libertad: cuando nos roban tiempo, nos están robando libertad.

Dejar de correr supone reapropiarnos de nuestro tiempo como algo que nos pertenece y que está amenazado. Desde esa experiencia podemos saborear despacio el valor de las cosas, de los momentos de soledad y los de compañía , incluso salir al encuentro de nuestro íntimo yo.

Los caminos del éxito vital son múltiples y diversos. Todos tienen su mensaje y sus secretos; para recorrerlos es necesario entrar en ellos allí donde se cruzan con el camino del tiempo.

Nuestra felicidad está en juego. No nos lo dicen, pero nos están robando el tiempo. Uno a uno, múltiples fragmentos de nuestra vida nos están siendo arrebatados por el ritmo frenético con el que se vive en las sociedades industrializadas. En ellas, en vez de caminar despacio hacia nuestra propia humanidad, se nos estimula a hacerlo de la mano del mercado, con la urgencia de producir y consumir como si se fuese a acabar el mundo. La ley imperante es la eficiencia, la productividad a cualquier precio. Y la lógica que se aplica es la de la máquina. No para que cada uno llegue a ser lo que está llamado a ser humana y espiritualmente, sino para que funcionemos como piezas bien ensambladas de un mecanismo cuyos fines son puramente económicos.

En ese entorno, es difícil que nuestro espíritu se sosiegue, que encontremos tiempo para lo verdaderamente importante: *el proceso de profundizar en las riquezas de la vida, de escuchar el alma antigua de la humanidad que invita desde siempre a la templanza.* El cuidado propio y el de las personas y comunidades que nos rodean se van convirtiendo así, poco a poco, en «bienes de segundo nivel», mientras las largas jornadas laborales y gran número de estímulos visuales, auditivos, propagandísticos, que pululan en nuestras sociedades, se apoderan de nuestro tiempo.

El ejercicio natural y gratificante de *dejar de «hacer» y limitarnos a «estar» en armonía con el entorno* ha sido uno de los rasgos de las culturas mediterráneas, maestras en el arte del buen vivir. Sin embargo, hoy los países del Sur son vistos como irracionales y poco trabajadores, ante el impulso creciente de la racionalidad productivista que pone su foco en lo profesional y nos conduce al templo sagrado del éxito económico o social.

Estamos perdiendo el alma, que se mueve despacio, aquejados de una enfermedad llamada estrés y de un cambio en las prioridades de nuestra vida: dedicamos más atención a ver cómo usar nuestro dinero (un recurso renovable) que a organizar el uso de nuestro tiempo (un recurso escaso, no renovable). Nos han convencido de que la felicidad no procede a pasos cortos, no espera a intuir la ocasión propicia, más bien consiste en correr, en hacerlo todo a un ritmo acelerado. Y así vamos perdiendo el placer de seleccionar austeramente lo valioso dejando que la luz marque el camino. Y olvidamos defender y disfrutar de esos tiempos demorados en los que todo se ensancha.

Nuestras vidas, en gran parte, parecen estar regidas por el dios griego Kronos, el tiempo del antes y el después, que hoy asociaríamos con el cronómetro. El sistema dominante nos enseña a adorar a Kronos, regula y pauta nuestras formas de vida de modo que la mayor parte de nuestra existencia estemos dedicados a producir o consumir bajo el dictado del reloj. De ese modo, se secuestra nuestro tiempo más valioso y solo una pequeña porción de los días nos queda disponible para superar nuestras rutinas y reconstruir a diario el mundo de los afectos, las vocaciones, los sueños…

Aun así, siempre tenemos la oportunidad de rebelarnos y reinventarnos, aunque sea en parte. Entrevisté a Ana, una cajera de supermercado que cada día mueve con sus manos cientos de alimentos. Sus horarios no son buenos, pero ella se limita a cumplirlos agradecida por tener un empleo en tiempos de crisis. Hablamos sobre el tiempo, le pregunté cómo se organizaba. Y, para mi sorpresa, me dijo que había encontrado una forma de gestionar sus horas libres de manera que no añadiesen más estrés al que ya generaba su trabajo.

Todo comenzó, al parecer, un día en que su hija le dijo que quería hablar con ella y Ana le respondió que no tenía tiempo. Como no es frecuente que los hijos quieran hablar reposadamente con sus madres, mi entrevistada se quedó con mal sabor de boca, pensando que se había perdido alguna confidencia, la posibilidad de dar un consejo, o la experiencia de un abrazo con su hija. Ana se detuvo a reflexionar y vio que su existencia estaba totalmente organizada desde el exterior, no solo en sus horas de trabajo, también en el resto del día.

Y descubrió que, agazapado, en su vida se escondía el problema del tiempo y de las prisas. De la mano de sus cavilaciones le llegó la prueba de que *el tiempo es una medida de la felicidad,* y que la forma en que usamos las horas disponibles nos acerca o nos aleja de ella. Consiguió reorganizar su vida, eliminar de ella muchas actividades innecesarias y dejar momentos libres y relajados para lo realmente importante. Atrás quedaron sus largas horas de contemplación televisiva, pero rescató la costumbre de pasear y charlar con sus amigas y de regalarse un café con sus hijos al final de la jornada laboral. Escuchándola me parecía ver a una mujer feliz que hace menos cosas, pero disfruta de ellas. A su lado me confirmé en la idea de que *tan importante como hacer es estar, estar con el alma dispuesta y el corazón abierto para que pueda entrar en ellos toda la riqueza de la vida.*

Hablando con Ana me di cuenta de que *necesitamos una nueva cultura del tiempo*, reconocer que el ritmo con el que hacemos las cosas debe adecuarse a nuestro propio ritmo interno, con la posibilidad de ahondar en cada momento, de disfrutarlo con cada primavera, de vivirlo conscientes, con atención, aguardando pacientes la llegada de lo inesperado, la sorpresa que surge de pronto rompiendo las rutinas, o simplemente la paz y el sosiego con que nos premia una bocanada de aire fresco.

En ocasiones, la normalidad de nuestro día a día se altera bruscamente por problemas de salud, fracasos, pérdidas dolorosas… Entonces, los ritmos se desordenan y descubrimos que no habíamos vivido saboreando realmente la vida. Revisamos nuestra historia personal y lamentamos haber derrochado el tiempo en cosas inútiles y no haberle prestado atención a lo aparentemente pequeño, no haber hecho sitio a lo vivificante, a los momentos en los que era posible dejarse visitar por el fulgor de los afectos o la calidez de nuestras cosas «nutrientes», esas que nos alimentan por dentro.

Nos habían dicho que la «normalidad» consistía en considerar como modelo de éxito el estar siempre ocupados, tener las agendas muy llenas, interminables viajes de trabajo y…, al llegar las vacaciones, de nuevo la pulsión de escapar muy lejos. Una «nueva normalidad» comenzaría por la pregunta: *¿de qué escapamos cuando tenemos tiempo disponible? ¿Se trata tan solo de desorientar a la costumbre? ¿O es una forma de seguir huyendo del diálogo sencillo y sincero con lo que nos rodea: personas, lugares, sonidos y colores?*

Una nueva cultura del tiempo significa aceptar los límites de la vida, también los de nuestra propia vida, para vivir gozosos en un escenario de sencillez, usando con prudencia los bienes de la tierra. Y teniendo paciencia con lo que todavía no está resuelto en las interrogantes que nos hacemos a diario. Aprendiendo a vivir las preguntas al margen de cualquier costumbre, en los márgenes de lo ya sabido, allí donde habita el misterio y se renueva el horizonte.

Para ello necesitamos sentirnos libres. Pero *la libertad es, en gran parte, tiempo. Por eso, cuando nos roban el tiempo, nos están robando libertad.* En las últimas décadas, los grandes poderes económicos y financieros han marcado un rumbo erróneo para la humanidad a causa del modelo de crecimiento ilimitado que proponen. Salir de esa lógica en plena vorágine productivista y consumista no es fácil, desde luego. Tal vez estemos tan presos de ella que para algunos no exista marcha atrás, tan solo la pulsión de escapar con prisa hacia la Arcadia feliz a base de viajar muy lejos, de comprar objetos escasos, de rodearse de cosas inútiles…, ignorando que la Arcadia estaba a nuestro lado, en lo cotidiano, si hubiésemos sido capaces de vivir con cordura, de recobrar los puntos cardinales del silencio y la palabra demorados…

Vivir el presente con sosiego se ha convertido en la hazaña de unos pocos, mientras la mayoría va y viene, produce y consume, con la voluptuosidad de un insomnio colectivo, es decir, de una falta de sueños. ¿Dónde han quedado los placeres de las cosas sencillas, el desarrollo de nuestra vocación, la experiencia creativa…? Para muchas personas, son territorio vedado, simplemente porque están siempre ocupados.

Cada uno de nosotros conoce, en mayor o menor grado, esa experiencia. Todos hemos sido tocados por las prisas y el agobio. La cuestión no está, por tanto, en salirse de la vida; más bien consiste en *aprender a reconocer el torrente de señales que nos avisa cuándo comenzamos a renunciar a lo importante*, cuándo el éxito social o económico comienza a usurpar los verdaderos fines de nuestra historia personal.

Para caminar en la dirección de la cordura, podemos pedir auxilio a otro de los dioses griegos que entendían de este asunto: Kairós. De su mano vivimos experiencias que nos transforman. Él rige los acontecimientos que marcarán nuestra biografía. Y se mueve despacio… *Kairós es el momento oportuno, lo mismo para sembrar las semillas que para cruzar una torrentera.* Es el instante en el que el surfista puede pasar la ola, el hecho mágico que llega sin avisar y modifica nuestra historia. Pero no se deja atrapar… Ilumina nuestras decisiones como un faro situado en la lejanía, con señales efímeras que requieren sutileza y atención para ser descifradas.

Los griegos lo representaban como un joven hermoso que tenía un solo mechón de pelo y los pies alados, para simbolizar que, cuando se pretende atraparlo, puede escaparse volando y ni siquiera es fácil retenerlo tomándolo del cabello. Kairós era hijo de la diosa Fortuna, así que había aprendido pronto a sonreír y a regalarle a los mortales instantes de plenitud, esos en los que las horas se expanden y un minuto puede asemejarse a una eternidad…

Todos tenemos momentos en nuestras historias personales en los que somos bendecidos por Kairós. Instantes en los que resucitamos a la alegría escuchando una música, recibiendo un abrazo, deleitándonos con un amanecer… En esas ocasiones, el reloj de nuestro espíritu ralentiza su ritmo y nos transforma, mostrándonos las muy escasas sensaciones en las que lo eterno se visibiliza, en las que podemos amar y sentir como si habitásemos un hermoso paréntesis en las rutinas de la vida cotidiana.

Sin embargo, *esos tiempos de paréntesis son los que finalmente van construyendo nuestra memoria y dan sentido al ansia de vivir que transportamos.* Y así, cuando miramos hacia atrás, no lo hacemos de la mano del dios Kronos y sus pautas, sino abrazados a Kairós, rememorando los delirios y las fiestas, los encuentros y hallazgos imprevistos…, todos los vendavales, en fin, que han ido empujando con su fuerza el oscilante camino de nuestro tránsito vital.

Esos instantes infinitos, atemporales, no necesitan ser contados o medidos. Son lo que la filósofa y poeta María Zambrano llamaba «los claros del bosque» de nuestras biografías. Lugares reales o simbólicos a los que no siempre nos está permitido el acceso, que abren sus puertas sin preguntar y nos muestran, de golpe, un paisaje desconocido y vivificante al que llegamos sin certezas, sintiendo el presagio de una aurora.

Para que Kairós pueda transitar por nuestras vidas es necesario hacerle sitio, vaciarlas de tiempos-basura en los que ni somos felices ni hacemos felices a otros. *Dejar de correr detrás de los productos y situar nuestra mente y nuestro corazón en los procesos*, en el acto de estar en cada momento en lo que estamos, la experiencia de disfrutar conscientes de lo que hacemos, la posibilidad de vivir con el ritmo apropiado cada situación.

Dejar de correr supone, por de pronto, revisar nuestras prioridades, estar atentos a lo verdaderamente importante, y aprender a *reapropiarnos de nuestro tiempo* como algo que nos pertenece y que está siendo amenazado. El mercado querrá comprárnoslo con promesas y propaganda. Nos venderá incluso lo que siempre fue gratuito: los cuidados, el paseo en una playa, el acceso a un paisaje... Pero podemos apostar por un nuevo inicio: revisar la mirada, volver al encuentro con nuestro yo profundo y con los otros... Entonces descubrimos que lo único que necesitamos para disfrutar de estos regalos es tiempo, que el acontecimiento feliz y la celebración están a un paso de nuestras vidas...

Kairós nos recuerda que *los seres humanos, además de*

«*faber*» *(trabajadores), somos* «*ludens*», *seres que juegan*, que han nacido para disfrutar y ser felices. De su mano aprendemos a compartir el tiempo, uno de los recursos no renovables más difíciles de manejar. Un recurso que no puede ser acumulado, que no se puede comprar ni vender, ni siquiera guardar... ¿Somos conscientes de ello? ¿Nos hemos parado a pensar alguna vez en que lo lento es bello...?

La lentitud es una metáfora. No siempre soplan tiempos de bonanza en nuestras vidas, y a veces hay que correr cuando nos toca vivir una situación excepcional de riesgo o de compromiso. Pero, por fortuna, una existencia normal no está encadenada a ese tipo de situaciones (salvo que trabajemos de bomberos o en una ambulancia...), de modo que podemos comenzar por mirar el mapa de nuestro destino con detenimiento, reducir la velocidad de la marcha y cambiar de rumbo... ¿Hacia dónde? Hacia el trabajo y el silencio, el disfrute y la alegría, vividos en plenitud, fuera de los convencionalismos, manteniéndonos en lo difícil, que es tomar las riendas de la propia vida.

Y así podremos *cruzar el umbral de la quietud y encontrarnos habitados por ella.* Puede ocurrir cualquier día, a cualquier hora, y será la señal no de una llegada, sino de que hemos iniciado la partida... Entonces comenzaremos a saborear despacio el valor de las cosas, de los pequeños momentos de compañía y de los grandes momentos de soledad. Aprenderemos que el ritmo de cualquier aprendizaje es siempre largo, como los ritmos de la naturaleza, y que amar no es evadirse de uno mismo, sino abrirse a la oportunidad de un encuentro con el otro y, al mismo tiempo, con nuestro íntimo yo, descubriendo que somos un mundo gracias a aquello o aquellos a quienes amamos, a los que saben vernos despacio, paladear lentamente nuestro abrazo, reír con nosotros y ser partícipes de nuestro sufrimiento.

Ellos están ahí, como la naturaleza, porque son también naturaleza. Para encontrarlos solo nos hacen falta tiempo y sosiego. Desde ambos aprendemos a oler los bosques y a sorber el agua del río... Aprendemos a mirar a los ojos al otro, a escuchar en silencio la palabra amiga... Entonces, todo cobra nuevo sentido: ya no nos asusta observar nuestras propias huellas, ser tocados por los vaivenes de la vida, porque intuimos que *la eternidad está escondida en cada momento que vivimos plenamente.* Y descubrimos, al fin, que cada pequeña porción de tiempo contiene en sí misma el potencial de lo inédito, de lo vivificante. Solo es preciso dejar que salga sin prisas...

En esta dinámica, *reapropiarse del tiempo*, un ejercicio que nunca será completo, se convierte a la vez en *un acto político* (decirle no al mercado en todo lo que está en nuestras manos), *una experiencia de sanación individual* (experimentar la quietud interior y el sosiego) *y también de sanación colectiva y sostenibilidad*; porque la mirada economicista desprecia cuanto no casa con sus códigos, considera un desperdicio todo instante que escapa al ritmo de comprar o vender, de consumir imágenes y consignas... Fuera queda el valor de lo aparentemente inútil, de lo efímero, lo gratuito... Pero nosotros habremos comprendido y defendido que somos mucho más que entes económicos. Somos seres que maduran despacio y hacia dentro, que nacen para vivir un fulgor y una promesa, que saben combinar las largas derrotas con los sueños... Solo necesitamos tiempo y quietud para salir del asedio.

El siglo xx fue el siglo de lo grande, de lo lejano y lo rápido. Si la humanidad ha de liberarse de la pesadilla productivista y mecanicista, si el mundo ha de despojarse de sus máscaras y el ser humano volver a transitar por los caminos del buen vivir, muchos creemos e imaginamos *que el siglo xxi habrá de ser el siglo de lo pequeño, lo cercano y lo lento.*

Epílogo: la belleza del éxito vital

Quien ama la belleza acaba encontrándola en todas partes. Quien ha transitado por los caminos del buen vivir termina siempre regresando a ellos. Y, allí donde unos y otros senderos se entrecruzan, descubre que se aloja el éxito vital, una experiencia vivificante que acompaña a quienes se atreven, aunque sea por un momento, a ser como se sueñan.

Nuestra minúscula humanidad se agranda cuando exploramos estos caminos como lo haría una artista: con observación e imaginación. En ellos encontramos espacios que incitan a la búsqueda, que nos plantean preguntas esenciales y nos invitan a seguir restreando el territorio, a aventurarnos en otro trayecto diferente, a disfrutar de esos cruces de senderos en los que las piedras del suelo se funden. Lugares donde no existen fronteras, sitios de tránsito hacia una forma de vivir armónica tanto para nosotros como para quienes nos rodean y para la naturaleza.

No hay un camino único, lineal, en esta aventura. El buen vivir no es una carrera de fondo, sino un paseo diario y tranquilo por lugares distintos, todos igual de hermosos y de prometedores, en el que cada uno de ellos nos ofrece sus propias enseñanzas. Por eso es importante recorrerlos poco a poco, sin prisa, para descubrir su sentido y su encanto, para entender, al fin, que *no hay una carretera principal que conduzca a una meta,* sino la posibilidad, riquísima y estimulante, de explorar distintos paisajes, huellas de pisadas desiguales, innumerables amaneceres tan hermosos como diferentes. Con la mirada atenta y el alma confiada vamos y venimos por ese suelo y ese aire venciendo el cansancio y dejándonos deslumbrar, en ocasiones, por la belleza que nos sale al paso. *Cada camino guarda una enseñanza para el buen vivir,* una pizca de sabor y poesía para vencer la rutina de la vida diaria.

Hay caminos interiores, que debemos recorrer solos y en silencio, porque favorecen el encuentro con nuestro ser profundo, con esa criatura insustituible, única, que lleva nuestro nombre. En ellos encontramos plantados el árbol del amor, el de la pasión, la sonrisa, la sabiduría... Aprendemos a cambiar la lente, la forma de mirar, cuando nos saluda un desafío. También a no dejar nunca de hacernos preguntas y a disfrutar del silencio y la soledad tanto como de la celebración de los días de fiesta, porque, por supuesto, nos entrenamos en la hermosa tarea de dejar que la vida nos sorprenda... Generalmente, estos caminos interiores están en una hondonada, protegidos de los vientos y de las corrientes de aire. Por eso *los transitamos desabrigados de cualquier certeza,* confiando en su bonanza, dispuestos a dejarnos seducir por el color de sus arbustos y la forma en que el sol los ilumina.

Otros caminos, que se entrecruzan con los anteriores, miran más al exterior, conducen a eso que llamamos *el encuentro con los otros y con el mundo.* Nos muestran, poco a poco, la forma de conciliar nuestros proyectos e ideales con las demandas y deseos de quienes nos rodean. Nos enseñan a aprender de nuestros compañeros de viaje. Están ahí para que estrenemos sonrisa y buen humor cada mañana, para impulsarnos a aceptar la bienhechora presencia de todo lo humano. También para invitarnos a vivir nuestras pasiones saboreándolas, a entretejer las ausencias con las complicidades, a cuidar de los otros sin dejar de cuidar de nosotros.

Cuando al caminar nos cruzamos con otras personas, nos tornamos conscientes de que, en ese proceso, se van desvaneciendo los miedos y las tentaciones. Y nos alegramos juntos de que *nuestro verdadero éxito vital no esté en llegar a ningún lugar, sino en otear el horizonte cogidos de la mano en todas direcciones*, en renacer y rehacernos en cada trayecto... A veces somos afortunados y nos encontramos con otros caminantes que pasean en nuestra misma dirección. Entonces suele ocurrir un pequeño milagro: cruzamos la mirada, nos detenemos a charlar y descubrimos que, hasta el más opaco, emite algún resplandor.

Cada día, al iniciar uno o varios caminos, elegimos y saboreamos la sorpresa. Disfrutamos de la energía y el placer de pisar un suelo que en ocasiones nos es familiar y otras veces tiene la incógnita de lo desconocido. Lo importante es salir al encuentro de nuestro ser profundo y sonriente y, a la vez, de otros seres que hacen nuestro mismo tránsito. Y hacerlo sabiendo que *vamos a encontrarnos con alguien que, como nosotros, transportará una antorcha de esperanza*. Por ahí hallaremos a muchas personas que nos han precedido en la tarea de ser los artífices de sus vidas. De ellas recibiremos una luz que se funde con la que viene del sol para permitirnos ver de cerca las hojas de los árboles, la presencia tranquila de todo lo que crece *cumpliendo su destino, pero no el marcado por los dioses, sino el escrito por los sueños...*

Y así, desnudos de certezas y cargados de preguntas, salimos cada día a caminar como quien sale a encontrarse con un paisaje de emociones. Dispuestos a reír y a llorar, a descubrir y a soñar, a traspasar los límites del pensamiento e imaginar lo que puede haber tras la siguiente curva, tras la piedra que parece limitarnos, manteniendo un ritmo en la pisada que se acopla al de la naturaleza, dando gracias a la lluvia y al viento.

Cuando ello ocurre, los caminos se amplifican, se ensanchan... También las posibilidades de recorrerlos. Y *el buen vivir ya no es un deseo, sino una experiencia: la de haber encontrado el sentido de la vida, cada uno el nuestro.* Habremos aprendido el arte de confiar en lo improbable, de dejar que la utopía nos señale las rutas, de ser jóvenes sin que importe la edad... También de saludar con pasión a aquello que amamos y a quienes nos ayudan a amarlo. Entonces, *el éxito vital saldrá a saludarnos* no como el premio final a una hazaña, sino como el sol diario que alimentará nuestra existencia mientras en ella respiren la gratitud y la serenidad, las ilusiones y la esperanza.

Además de los caminos que se esbozan en estas páginas, es probable, casi seguro, que tú, querido lector o lectora, descubras otros igual de hermosos y sugerentes. Lo que he querido contarte es, simplemente, una sencilla muestra de lo que se puede disfrutar y aprender en el arte de caminar cuando se hace de forma consciente, abierta, sonriente y cuidadora... Sin olvidar esa pizca de pasión que envuelve los mejores momentos del trayecto. Conservando como un tesoro la utopía o los sueños. Sin dejar de agradecer los dones y regalos que recibimos cada mañana de la vida.

Ojalá hayas encontrado o encuentres los secretos del buen vivir que se vislumbran en estos caminos... Y sea el tuyo un transitar abierto y feliz, en cuyos ecos resuene día a día el placer de estarte asomando, con sencillez y sin prisa, al éxito vital. Ojalá te hayas convertido en un amante de la belleza que la va encontrando en todas partes... incluso en tu inquieto corazón...

María Novo
Pozuelo de Alarcón (Madrid), 2016

Agradecimientos

Como en ocasiones anteriores, lo que he podido escribir en estas páginas se ha visto enriquecido con el apoyo, la lectura y las observaciones de un grupo de personas cercanas que me han hecho el regalo de su tiempo, su inteligencia y su afecto. Sin ellas, este libro no sería como es.

Gracias a Carlos, amigo del alma, con quien soñé esta pequeña obra y esbocé su contenido.

Mi agradecimiento a Ana y a Gloria, las amigas incondicionales que me han ayudado a pensar algunos aspectos del original.

Gracias a quienes se dejaron entrevistar sobre este tema y compartieron conmigo su experiencia y sus saberes. Esas entrevistas han sido una fuente de incalculable riqueza en mis reflexiones.

Agradezco, por su tiempo y por el cariño que han puesto esa tarea, la paciente lectura y revisión del texto que han hecho mi hijo Guillermo, mis hermanos Yolanda y Javier, así como mis entrañables amigas Esperanza Moreno, Gloria Martínez, Pepa Carrillo y María Onrubia.

editorial $\mathbf{K}$ airós

Puede recibir información sobre nuestros
libros y colecciones o hacer comentarios
acerca de nuestras temáticas en:

www.editorialkairos.com

Numancia, 117-121 • 08029 Barcelona • España
tel +34 934 949 490 • info@editorialkairos.com